# INSCRIPTIONS

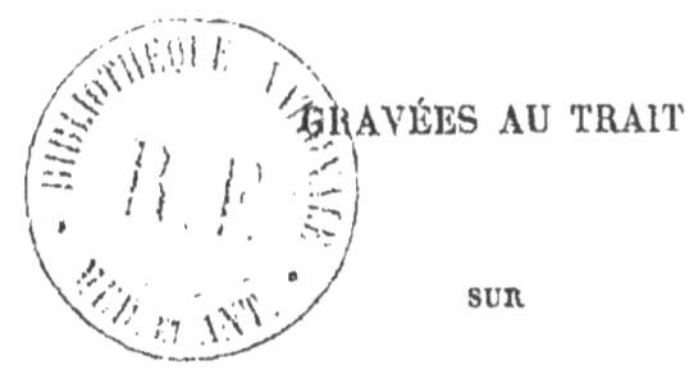

GRAVÉES AU TRAIT

SUR

# LES MURS DE POMPÉI.

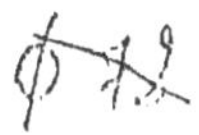

BRUXELLES, IMPRIMERIE DE DE MORTIER FRÈRES.

## ADDITION AUX ERRATA.

Pag. 7, *ligne* 17, *au lieu de* n° 22, *lisez :* n° 2.
Pag. 9, *ligne* 22, *au lieu de* delineatas, *lisez :* delineatos.
Pag. 12, *ligne* 14, *au lieu de* p. 13, *lisez :* p. 11.
Pag. 23, *ligne* 2, *au lieu de* le V, *lisez :* le B.
Pag. 25, *ligne* 2, *au lieu de* l'on trouve, *lisez :* l'on a trouvé.
Pag. 32, *ligne* 29, *au lieu de* QVAIICMQVAI, XXI, 5, *lisez :* LINGELAI DISCVNT IMA.
Pag. 32, *ligne* 30, *au lieu de* LINGELAI DISCVNT IMA, *lisez :* QVAIICMQVAI, XXI, 5.
Pag. 33, *ligne* 46, *au lieu de* EXXCETTIO, XIII, 7, *lisez :* EXSCETTIO, XXIII, 7.
Pag. 34, *ligne* 35, *au lieu de* MAZCABA, XXVIII, *lisez :* MAZGABA, XVIII.
Pag. 38, *ligne* 11, *supprimez les mots* : cite l'exemple.
Pag. 40, *ligne* 20, *supprimez les mots :* la page.
Pag. 51, *ligne* 28, 2e *et* 3e *mot, au lieu de* Mazcabam. Mazcaba, *lisez :* Mazgabam. Mazgaba.
Pag. 55, *ligne* 4, *lisez :* voir la page 40.
Pag. 56, *ligne* 22, *au lieu de* ustus Limniio, *lisez :* Iustus Liimnio.

# INSCRIPTIONS

GRAVÉES AU TRAIT

SUR

# LES MURS DE POMPÉI,

CALQUÉES ET INTERPRÉTÉES

PAR

RAPHAEL GARRUCCI,

DE LA COMPAGNIE DE JÉSUS, MEMBRE DE L'ACADÉMIE D'HERCULANUM, ETC.

---

Avec un Atlas des calques.

(Voir l'Atlas, planche XV, 3)

BRUXELLES,

LIBRAIRIE DE J.-B. DE MORTIER, ÉDITEUR,

RUE DE NAMUR, 30.

—

1854.

# AVERTISSEMENT.

L'inscription au trait en tête du texte, est calquée sur l'original maintenant au musée Bourbon; on verra qu'elle doit se lire MENEDEME; je l'interprète dès ce moment pour ne pas impatienter le lecteur. La singularité de son alphabet (que j'appellerai *linéaire*) retrouvera son application dans d'autres encore que renferme ce volume.

Presque toutes les inscriptions reproduites dans ce recueil ont été calquées de ma main; je le dis pour qu'on sache que je m'en fais garant. Lorsque je les ai seulement dessinées, j'ai soin d'en avertir. L'exécution d'un pareil projet offrait des difficultés qu'on appréciera difficilement si on ne l'a expérimenté soi-même. Il faut bien des fois chercher sous le papier des traits qui se dérobent; le moindre souffle peut obliger à recommencer un calque; le plus grand jour peut même devenir un embarras, parce qu'une demi-ombre est quelquefois bien plus favorable. Sur la muraille même, l'enduit modifié par le temps peut altérer les traits anciens, et rendre la lecture douteuse. Très-peu de ces inscriptions au trait ont été transportées dans le musée Bourbon, le reste est demeuré à Pompéi; mais de dire ce qui en existe encore, c'est ce que je ne pourrais faire. L'enduit des murailles se dégrade tous les jours et sa chute entraîne celle des inscriptions.

Je comprends bien que certains savants auraient aimé avoir désigné bien nettement le lieu de provenance pour contrôler ces monuments; je ne l'ai pas cru toujours nécessaire. Mais qui voudrait les collationner sur place, me trouvera toujours prêt à lui donner tous les renseignements utiles. Si l'on demandait pourquoi j'ai eu recours à la langue française dans cette publication, je répondrais : c'est simple affaire de librairie.

Les éditeurs veulent un idiome qui semble leur offrir plus de chances pour la vente. Mon confrère, le Père Arthur Martin, bien connu dans l'archéologie, quoiqu'en une autre branche, a bien voulu prêter sa plume pour la traduction. Je n'ai pas eu la prétention de réunir ici toutes les inscriptions au trait découvertes jusqu'à ce jour; chacun est libre d'en compléter le recueil, comme je prétends bien l'être moi-même. Telle qu'elle est cette collection peut être utile, je ne me suis pas proposé autre chose.

## ERRATA.

*Pag.* 1, *ligne* 17, *lisez :* ὅπου.

*Pag* 12, *ligne* 14, *au lieu de* pag. 13, ... p. 11.

*Pag.* 13, *ligne* 4, *au lieu de* que la mort seule a pu interrompre, *lisez :* interrompue en 1848, deux années avant la mort d'Avellino.

*Pag.* 14, *ligne* 17, ... Boeckh.

*Pag.* 20, *ligne* 21, ... *antiquarum.*

*Pag.* 21, *ligne* 11, *au lieu de* II, ... Iᐩ.

*Pag.* 23, *ligne* 19, *au lieu de* au nº 5, *lisez :* Pl. XXVI, nº 3, *et à la ligne suivante, au lieu de* nº 4, .... nº 2.

*Pag.* 33, *ligne* 14, *transportez* SANGVNI, XIX, 1,2. *à la ligne* 12.

*Pag.* 34, *ligne* 40.... ODERI, *ligne* 41, *supprimez* AVLIS IIS.

*Pag.* 35, *ligne* 13,... SOLÉCISMES.

*Pag.* 38, *ligne* 4... Ἀγρίππας *ligne* 20... 771.

*Pag.* 40, *ligne* 12.... *V·I·M.A...*

*Pag.* 44, *ligne* 4.... publiées.

*Pag.* 45, *ligne* 19... les a.

L'usage d'écrire sur les murs des maisons particulières et des édifices publics a été plus d'une fois mentionné par les anciens auteurs. J'ai déjà eu l'occasion d'en citer quelques exemples dans le Bulletin archéologique de Naples, *nuova serie;* et ici je rappellerai en premier lieu le passage où Cicéron dit de Pipa, célèbre amie de Verrès : ***De qua muliere versus plurimi supra tribunal et supra prætoris caput scribebantur*** (***In Verr.*** III, 33). Ainsi Pline décrivant dans une de ses lettres les bains de Clitumnus, dit à son ami : ***Leges multa multorum omnibus columnis, omnibus parietibus inscripta, quibus fons ille Deusque celebratur*** (***Ep.*** 8, L. VIII). Ces deux textes ont l'avantage de nous indiquer quelques-uns des sujets ordinaires de ces inscriptions : c'étaient des satires personnelles ou au contraire des poésies élogieuses. C'étaient aussi des sujets érotiques au témoignage de Lucien, (p. 711, Didot) : Ἐγὼ δὲ ἐμεμνήμην. ὅτι κατὰ τοίχου τινὸς ἔλεγε καταγεγράφθαι τοὔνομα ἐν κεραμεικῷ.. Μέλιττα φιλεῖ Ἑρμότιμον, καὶ μικρὸν αὖθις ὑποκάθω, ὁ Ναύκληρος Ἑρμότιμος φιλεῖ Μέλιτταν (cf. p. 710) ; —confirmé par le scholiaste d'Aristophane, (***Vesp.***, 98, Dindorf) : Ἐπέγραφον οἱ Ἀθηναῖοι τὰ τῶν καλῶν ὀνόματα οὕτως· ὁ δεῖνα καλός· ἔγραφον δὲ καὶ ἐν τοίχοις καὶ ἐν θύραις, καὶ ὅπου τύχῃ.

Ces inscriptions populaires se traçaient quelquefois au charbon : on sait le mot de Plaute (***Mercat.***, II, 3, 14) : ***Impleantur meæ fores elogiorum carbonibus.*** On se servait aussi du pinceau ; mais plus communément, du moins à Pompéi, du stylet en fer ou en os que tout le monde employait pour écrire sur les tablettes cirées, en particulier les enfants pour leurs devoirs de classe.

Nous réunirons aux inscriptions gravées au stylet celles qui ont été formées sur les terres cuites ou les enduits frais des murs avec l'ébauchoir des modeleurs ou quelque instrument analogue. Et ces dernières inscriptions mériteront de notre part une attention particulière. La main n'ayant pas eu là à lutter contre la dureté de la matière ou le fil de la pierre, les formes n'ont dépendu que de l'habileté de l'écrivain et de sa volonté. Ce qui permet de juger beaucoup mieux de la véritable configuration des lettres. C'est de la sorte que se trouve écrit l'alphabet grec que j'ai copié sur le mur intérieur d'une maison située à gauche dans la rue qui conduit à la porte de Nola (1). Il en est de même de quelques légendes appartenant à de petits vases romains trouvés à Rome et dont j'ai donné le fac-simile avec une interprétation dans le Bulletin archéologique de Naples (2).

Les paléographes ont toujours singulièrement apprécié les inscriptions gravées à la pointe, en ce qu'elles donnent la forme de lettres appelées cursives. Mais je dois ici me défendre d'une erreur patronée par quelques archéologues modernes, d'après laquelle l'écriture cursive est celle qui s'exécute au moyen d'un simple trait : la définition est tout à fait inexacte. Je ne voudrais pas non plus appeler cursives, ainsi que d'autres l'ont fait, toute écriture grossièrement gravée ou peinte. L'écriture cursive est à mes yeux celle dont les traits ne sont pas généralement liés ensemble et souvent franchissent les limites du carré où se concentre leur forme régulière et deviennent ainsi des caractères en quelque sorte nouveaux. Dans le mouvement rapide de l'écriture cursive une inévitable transformation s'opère : les lignes courbes se redressent, les obliques se relèvent, les horizontales peuvent se rapprocher des verticales et se confondre avec elles. Tel élément constitutif d'une lettre disparaîtra entièrement ; tel autre changera de place, et des traits

(1) Voir à la planche I, n° 5.

(2) Il est curieux d'observer qu'en passant dans le *vicolo tortuoso* contre la maison à droite où l'enduit des murs était encore frais, quelqu'un s'est amusé à cacheter plusieurs fois le nom P. G. NYMPHI, avec un sceau de bronze qu'il tenait en main. En voici un calque :

P·G·NYMPH

différents joints à angle droit se produiront par une seule ligne courbe. Voilà, à mon avis, ce qui caractérise l'écriture cursive et cela d'après la nature des choses, puisque les lignes les plus faciles à tracer sont les parallèles courbes ou droites et puisqu'on ne peut écrire rapidement sans éviter, autant qu'il est possible, d'interrompre ou de ralentir le mouvement de la main pour croiser les lignes ou leur donner des directions contraires et divergentes.

Cela posé, nous ne trouverons plus dans l'alphabet cursif le nombre exorbitant de lettres que quelques-uns ont cru découvrir. Nous verrons seulement les lettres carrées de l'écriture ordinaire simplifiées par une plus grande rapidité de l'exécution.

Avant de me livrer aux recherches dont j'offre ici le résultat, j'ai dû me demander si elles seraient au monde savant d'une utilité vraiment sérieuse. Nous ne sommes plus en effet aux jours de Mabillon où la moindre inscription cursive des premiers siècles était une nouveauté qu'il suffisait de produire pour exciter l'intérêt. Après les belles études de tant de savants distingués sur les inscriptions *cursives,* ne trouvera-t-on pas les nôtres un luxe superflu? J'ose espérer le contraire. Nous avions de nombreuses et importantes rectifications à faire, une théorie tout autre à soumettre aux érudits, beaucoup de monuments nouveaux à produire et enfin des calques des textes à présenter. Ainsi nous sommes-nous trouvé engagé à former une collection aussi complète que nous l'avons pu.

Or, les questions paléographiques mises à part, qui n'entrevoit tout ce qu'une abondante moisson d'inscriptions de Pompéi peut fournir de notions précieuses sur les usages des anciens ? Où trouver plus de documents sur la langue parlée, sur les mutations de lettres familières au peuple : chose que nous savons si peu; sur la perfection du langage parlé hors de Rome : ce qu'on se figurerait à peine? On verra sortir de nos calques des mots entièrement neufs dont la science aura à découvrir la racine et le sens.

Que dirai-je des fruits qu'en pourra recueillir l'histoire? car, sans parler des nouveaux noms de consuls indiqués, nous pourrons voir de près, et mieux qu'au moyen des monuments déjà connus, l'état des villes d'Italie devenues romaines; juger avec plus de connaissance de cause les changements opérés soit par le génie propre des diverses races en fusion, soit par les lois municipales promulguées par Jules César et remaniées par Auguste.

Que dirai-je des habitudes des gladiateurs sur lesquelles on rencontre tant de renseignements neufs et curieux? et sur les études classiques, sur les auteurs étudiés dans les écoles, sur les poésies de Virgile, d'Ovide, de Properce et de poëtes restés inconnus, combien de détails intéressants à connaître?

Nous nous formerons une idée beaucoup plus nette de l'enseignement donné à la jeunesse dans les écoles; c'est-à-dire quelles langues s'enseignaient ensemble, d'après quelles méthodes et dans quels auteurs.

Mais, avant d'entrer dans ces développements, il ne sera pas inutile de jeter un coup d'œil sur les travaux de nos devanciers pour apprécier leur importance et les résultats obtenus.

Les premières données relatives aux inscriptions cursives de Pompéi se trouvent dans le Journal des fouilles (1). Ce journal publié par les ordres du gouvernement était formé des procès-verbaux que le préposé aux fouilles devait adresser chaque jour et chaque semaine au Ministre de la maison du roi. Il y joignait un récit des opérations, la description minutieuse des monuments découverts, et en particulier celle des inscriptions soit sculptées, soit peintes, soit gravées à la pointe. Cependant, quelque soin qu'on ait apporté dans la transcription de ces derniers, les copies sont loin d'être complètes et fidèles. La difficulté de lire les originaux est tellement grande, la finesse des traits ou leur altération les rendent parfois si peu visibles que l'erreur est ordinairement aussi digne d'excuse que de regret. Nous verrons que de nos jours même, pour peu que les dessinateurs se soient laissé influencer par leurs souvenirs en relevant les textes, ils sont tombés dans de graves erreurs en croyant se rapprocher du vrai, et que beaucoup de traits ont été omis parce qu'ils n'ont pu les apercevoir.

(1) M. Fiorelli avait entrepris la publication de ces précieux documents. Nous regrettons qu'elle soit restée interrompue. Il est aisé d'apprécier l'importance de ces registres par les programmes que j'en ai empruntés et publiés dans le Bulletin archéologique de Naples, *nuova serie*, an. I, pag. 115, sq.

La première inscription au stylet, rapportée dans le Journal des fouilles, se trouve dans le n° du 18 octobre 1765 : cette date précède de vingt-huit ans celle de la première publication spéciale concernant les inscriptions *cursives* de Pompéi, puisque celle-ci parut à Nuremberg, ainsi que nous le verrons, en 1792 et 1793.

On lut sur le mur extérieur du temple d'Isis, à droite en entrant :

DI. NIOVIDII
MAVINIM ι+ι (CV)

Et sur le mur opposé :

T V FORMOSVS TVNCAS
(APIS. ISSE T11 TENTRIO (1).
NCIICIS IAAISISSVS
POSTIMA
CAIVS

Dans une construction dépendante du même temple un mur de travail grossier portait l'inscription suivante :

IVSTO FELICITER ET
VETITO ETMTIVNI
XIII K DECEMM
ΣAVG
L. (CA LO FILIO (ATETVM CII
I. CNIA

Le 4 février 1767, on copia sur l'enduit des colonnes de ce qu'on a appelé le *castrum*, l'inscription suivante qui n'existe plus, les enduits des colonnes étant tous tombés dans cette partie de l'édifice :

(1) Cette légende est répétée dans une autre inscription au stylet où on lit très-clairement PARIS ESSE SEPTENTRIO ; PARIS ESSE VAL est écrit au crayon rouge sur un pilastre de l'école des gladiateurs. M. Massmann en fait connaître une autre : (ALOS PARIS ISSE SEPTENTRIO (*Lib. aurar.*, p. 63.)

P. CASELICIVS CANVS
EROS SPLETA
SIIIQBIIIIRI EROS PLEIA
APELEIS
E

Les fouilles étaient alors dirigées par Camille Paderno qui était en correspondance avec le savant de Murr. Il lui fit part de la découverte qu'il venait de faire de l'édifice qu'on prenait alors pour le quartier des soldats : mais dans sa lettre (a. 1774) imprimée par de Murr il n'est pas question des inscriptions *cursives*. Plus tard, c'est-à-dire vers 1783, un allemand, ami de de Murr et dont le nom nous est resté inconnu, vint visiter Pompéi et fut frappé de ces inscriptions que lui avaient indiquées les guides. Il eut soin d'en recueillir quelques-unes, et ce sont précisément celles que de Murr a publiées dans les années 1792 et 1793, en y ajoutant quelques courts commentaires.

J'ignore si cette publication de de Murr eut du retentissement dans le nord; ce que je puis dire, c'est qu'elle n'est jamais, ce semble, parvenue à Naples. Pas un écrivain napolitain qui l'ait jamais citée. En la voyant annoncée dans la *Collectio amplissima Inscriptionum latinarum* d'Orelli, ma curiosité fut vivement piquée; il me tardait de voir ce que promettaient des titres aussi spécieux que ceux-ci : *Specimina antiquissima scripturæ Græcæ tenuioris seu cursivæ ante Imperatoris Titi Vespasiani tempora ex inscriptionibus extemporalibus classiariorum pompeianorum exhibet cum earumdem explicatione Christophorus Theophilus de Murr; Norimbergæ, in bibliopolio Bavaro-Manniano,* 1792 — *Christophori Theophili de Murr Mantissa ad inscriptiones extemporales classiariorum pompeianorum,* 1793.

Je n'ai pu en prendre connaissance qu'à Paris et c'est à la complaisance du savant M. Ch. Lenormant que je dois cette faveur. L'ouvrage est court. Les deux mémoires réunis ne remplissent pas plus d'une demi-feuille d'impression et les monuments plus de deux planches. Mon but exige que je signale ici ce qu'il y a de plus utile dans les légendes grecques et latines.

Je citerai d'abord cette inscription :

1.) FVRES TOR

2.) TABVLAS POSITAS IN MVSCARIO.

De Murr a reproduit cette dernière dans sa *Mantissa* avec ces additions :

VIII K FEBR.
TABVLAS POSITAS IN MVSCARIO
CCC VIIII

Il y aurait ici selon lui deux inscriptions au lieu d'une et la première ligne formerait seule la première. Romanelli, dans son *Voyage à Pompéi*, n'a pas manqué de reproduire un monument qui doit bientôt acquérir de la célébrité parmi les visiteurs de Pompéi.

On lit encore dans de Murr :

3.) ΚΑΛΛΑΣ ΠΟΜΠΑΙΟΣ

4.) CVRATE ƎECVNAS 5.) LIRVDIS QVIS 6.) ⊤|LVDVS VELIVS

Ces dernières paroles, dit de Murr, *vix antiqua putaverim* (p. 7); je crois qu'il faut lire INLVDVS VELIVS. Le mot *inludus* reparaîtra dans un autre lieu (voir ma pl. XX, n° 22).

7.) CVPIT DECVS ARMATVRVS (1).

Ces derniers mots sont suivis d'une ligne de caractères bizarres que l'éditeur a bien raison d'appeler *obscura et confusa*

8.) [illegible] (2).

(1) Ces mots ne forment pas une même inscription. J'ai trouvé tout seuls les mots DECVS et ARMATVRIIS sur la même colonne, mais ce dernier au-dessous de l'autre et à grande distance.

(2) La faute, si je ne me trompe, en est au transcripteur qui a déchiffré ces caractères d'une manière moins heureuse. D'après les caractères usités dans les inscriptions que j'ai vues, je lisais :

[illegible] *Rustico feliciter.*

9.) CALILDVS NERIIL (1).

Vient maintenant l'inscription placée sous le n° 24 (2).

10.) 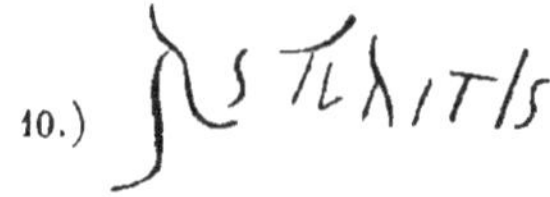

Ce qui rend l'opuscule de C. de Murr extrêmement curieux, c'est une suite de chiffres qu'il appelle : *ductus extemporaneos a classiariis columnis gypsatis castri militum insculptis,* sigles qu'il juge attribuées à tort à la vieille langue osque : *Male a quibusdam hi characteres osci putantur.*

J'avoue que jamais rien d'approchant ne m'est tombé sous les yeux bien que j'aie examiné dans le plus grand détail toutes les surfaces des murs de Pompéi et plus spécialement les colonnes de l'édifice dont il est ici question. Tout ce que j'ai pu découvrir, tout ce qu'a pu trouver précédemment Mgr Rosini, ce sont des tridents ou des signes semblables, de nulle importance. Quant à ceux qui ont été communiqués à de Murr et que l'on aura sans doute trouvés non pas réunis, mais plutôt dispersés çà et là sur les enduits aujourd'hui tombés, on ne verra pas sans surprise qu'ils ont une certaine analogie avec les caractères astronomiques que Du Cange a extraits du ms. 1337 de la Bibliothèque royale de Paris et insérés dans les notes de son *Lexicon mediæ et infimæ græcitatis.*

L'étrangeté des caractères transcrits par un ami fit hésiter si fort de Murr, qu'il crut devoir demander au même correspondant de nouveaux fac-simile auxquels il pensa pouvoir désormais se fier : *Accepi,* dit-il, *istas delineationes exactissimas, veram litterarum magnitudinem exhibentes.* Nous verrons pourtant qu'il n'y avait pas lieu à tant de confiance. C'est en effet dans la planche II, qu'il donne d'après ses calques, l'inscription *Tabulas*

(1) De Murr interprète ces mots : *calildus Neritus, aut Nerulus.* Je lis de préférence *Callidus Neronianus II, L.* C'est, à mon avis, une inscription de gladiateur parfaitement régulière : La sigle II indique deux victoires, et l'L la condition de *Libertus.* Ce dont j'aurai à parler plus bas.

(2) Cette inscription fait dire à l'éditeur : *Forsitan legendum est* ἀπτυλίτης *aut astilis.* Je propose de lire plutôt *Restitutis.*

*positas* déjà citée (1) et cette autre CLEMES. EROS PLEIA copiée aussi dans le Journal des fouilles; celle de QVAESTOR, nom dont on ne connaît à Pompéi qu'un autre exemple et qui indique une charge tombée là en désuétude peu après Sylla. Il ajoute celles de FORTVNATVS, FIRMVS, RVSTICVM CNEA; il corrige le n° 17 et le n° 18 de la première planche par deux leçons meilleures ΑΡΠΟΚΡΑ, ΨΙΛΩΗϹΟ ΑΡΙΘΜΟϹ (2); et il complète enfin cette seconde série par une inscription gladiatoriale de haute importance et qui paraît lue avec exactitude

MANSVETVS PROVOCATOR
VICTOR VIINERI PAR
MAM FIIRIIT

Ce dernier mot *fiiriit* est pris par de Murr pour *surripit;* la *leçon* n'est pas heureuse.

Voilà en somme tout ce que renferme la demi-feuille d'impression de de Murr annoncée avec un peu trop de solennité.

Je ne pense pas devoir citer après de Murr le savant Mgr. Rosini, délégué de notre Académie d'Herculanum pour la publication des ***Dissertationes Isagogicæ,*** touchant les papyrus d'Herculanum. Bien que cet ouvrage soit postérieur à celui du docte allemand, il n'y est fait nulle part mention d'inscriptions gravées à la pointe. L'auteur se borne à nous indiquer (p. 81, n. III) : « Anchoras, gubernacula, tridentes graphio passim ab otiantibus delineatas » sur ces mêmes colonnes où l'ami inconnu de de Murr a dû calquer les sigles mystérieuses que nous avons vues.

Un autre écrivain que l'on pourrait s'attendre à voir nommé ici est Romanelli, l'auteur du Voyage à Pompéi; mais les inscriptions cursives ne l'ont point occupé. Il n'en cite pas d'autres que celle de TABVLAS POSITAS, etc., qu'il change en TABVLAE POSITAE, ce qui prouve qu'au lieu de la recueillir lui-même il s'en est tenu à la transcription du premier venu. Le comte de Clarac

(1) V. p. 9. La planche XI, n° 5, reproduira un véritable calque dont je réponds.

(2) Il lit Φιλωησο Αριθμός· je lirais plutôt ψιλώης ὁ 'Αριθμός, (cf. *Epaphra glaber es*). Dans le lexique de Photius on lit Ψιλώεντα, αἰθαλώδη: et dans ce sens on pourrait le rapprocher d'une autre inscription gravée au stylet : AMERIMNVS CALENS SVM.

ne s'est pas montré plus difficile en écrivant son petit livre sur Pompéi. Il se contente de citer une seule inscription cursive, celle qu'a rendue célèbre le consulat en 751 de Messala et de Lentulus et cette unique inscription se trouve inexacte. Cependant les deux murs du petit passage où celle-ci se rencontre sont couverts de textes curieux, parmi lesquels il en est deux d'importance majeure, l'une relative au siége de Pérouse, 713, l'autre datée du consulat d'Agrippa et de Taurus, c'est-à-dire de l'an de Rome 717, l'une par conséquent des plus antiques que l'on connaisse à Pompéi d'époque certaine.

Je reviens au Journal des fouilles où je trouve dans les rapports de 1813 l'histoire de la découverte de la basilique et la gracieuse inscription de *Suavis vinaria* reproduite en 1837 par M. Wordsworth ainsi que celle de *Cosmus* dont les leçons varient et sans remède, puisque l'inscription paraît ne plus exister. Celle de *Suavis vinaria* est heureusement conservée dans le Musée royal et paraîtra ici à son rang. Il est dans les rapports de 1813 deux autres inscriptions que nul n'a mentionnées depuis et qui appartenaient pourtant au mur extérieur de la basilique, lieu si fécond depuis en découvertes pour M. Wordsworth.

La première est : LVCILIA EX CORPORE LVCRVM FACIEBAT. A en juger par le ton déclamatoire on la dirait un fragment de quelque discussion judiciaire soutenue dans la basilique.

La seconde : OPPI EMBOLARI FVR FVRVNCVLE (1).

Ici finira mon dépouillement du Journal des fouilles manuscrit inédit dont je n'ai pu me procurer la suite. Ce malheur au reste ne doit pas être de

(1) Cette inscription est à mes yeux très-importante si l'on doit reconnaître dans *embolarius* un nom de métier, en le faisant dériver de *embola*, mot qui désigne la cargaison d'un navire. Pompéi placée sur les bords du Sarno était un point central de commerce pour Nola, Acerra, Nocera et d'autres cités de la Campanie. Elle devait nécessairement renfermer un grand nombre de portefaix employés pour les transports : je pense qu'on les appelait *embolarii* et que l'*Oppius* appelé ici un larron, un petit larron, faisait partie de leur corporation.

Les larcins qui se commettaient dans les ports et les filous qui τὰ ἀποπίπτοντα ἀπὸ τῶν βασταζόντων ἀνελάμβανον, nommés à Rome *Arilatores et Cociones*, sont indiqués par Festus s. h. v. Cf. Lobeck *Aglaoph.*, 1032 sq. Le *Cocio* se retrouve, à mon avis, dans l'inscription de Pompéi : MICCIO CIOCIO TV TVO PATRI CACANTI CONFREGISTI PIIRAM ; c'est ce que demande le sens de *confringere piiram* (V. ma pl. XX. n° 1), qui vient après, et la nécessité de trouver un sens tolérable au mot CIOCIO ; je lis FVRVNCVLE COCIO dans l'inscription de la pl. XXV, n° 3.

grave conséquence à en juger par le peu de documents que nous ont fournis les soixante-cinq années que nous venons de parcourir.

Une publication brillante fait suite pour nous au Journal ms. des fouilles, je parle du *Museo reale Borbonico,* ouvrage entrepris par une réunion d'hommes pleins de savoir et de goût où l'on trouve les relations des fouilles à partir de 1829. On peut voir à la fin du VIe volume, page 12, une inscription cursive de haut intérêt joint à une scène de l'amphithéâtre. A droite est assis un personnage en toge qui semble un magistrat : devant lui s'abaissent des degrés qui pourraient être ceux du tribunal où siégeait le président des jeux. On voit du côté opposé un gladiateur élevant une palme de la main droite et prêt à descendre par quelques degrés dans l'arène. Et on lit audessous :

C A M P A N I V I C T O R I A V N A
C V M N V C E R I N I S P E R I S T I S

Ici les observations abondent; mais nous ne pourrions pas nous y livrer sans perdre le fil de notre récit et nous les donnons en note (1).

(1) Cette légende, extrêmement curieuse, est depuis longtemps détruite ; je ne puis par conséquent exprimer ici qu'une conjecture sur les dates déjà adoptées par les auteurs de la publication. On a dit que l'inscription fait allusion au récit de Tacite relatif à l'an 813 de Rome : lorsque dans Pompéi, *levi contentione atrox caedes orta inter colonos Nucerinos Pompeianosque gladiatorio spectaculo quod Livineius Regulus edebat. Quippe oppidana lascivia invicem incessentes, probra, deinde saxa, postremo ferrum sumpsere, validiore Pompeianorum plebe apud quos spectaculum edebatur.* Du reste dans ce récit les Campaniens ne sont pas du tout nommés par Tacite et dans l'inscription au contraire ils figurent, ce semble, en première ligne. Je voudrais trouver une solution plus satisfaisante, sans toucher à l'intégrité du texte de Tacite, et donner plus de place aux gladiateurs, ce qui paraît indispensable, vu la palme que tient en main le gladiateur tracé à la pointe. Dans cette hypothèse nous n'aurions plus devant les yeux l'expression peu naturelle de *Victoria una.* Je propose le léger changement de VICTORIA en VICTORES. Ce qui ne devrait pas trop déplaire aux transcripteurs, puisqu'il en résulte en somme que leur copie est admise presque en entier. Or, nous verrons ce que l'on gagne à ce léger changement suggéré d'ailleurs par le génie propre de l'écriture cursive murale. Le résultat est de mettre en scène les gladiateurs et de faire disparaître la mention importune des gens de Capoue. Ces gladiateurs appelés ici *Campani victores* seraient précisément ceux que l'on appelle dans une précieuse inscription de Sessa VICTORES CAMPANIAE, espèce de gladiateurs estimés, très-forts dans leur art. De sorte que Bassacus a tout droit de se faire un mérite d'avoir donné un spectacle de ce genre; spectacle qui avait dû exiger de lui de grandes dépenses comme il arrive lorsqu'on appelle des compagnies d'artistes célèbres, pour des représentations scéniques.

La source où j'ai maintenant à puiser est la série des mémoires du célèbre Commandeur Avellino sur le sujet qui nous occupe. Dès l'année 1831 il adressait au Bulletin de l'Institut archéologique de Rome (p. 12, 13) une savante étude sur deux inscriptions; la première disait: ADDE CALICEM SETINVM, elle est détruite. La seconde se conserva encore dans l'intérieur d'une hôtellerie. On voit un homme le verre à la main demandant à boire à l'hôtelier et au-dessus la légende: DA FRIDAM PVSILLVM. (V. ma pl. XX, n° 8.) Le Commandeur a lu FRIDVM et suppose du vin rafraîchi avec la neige, ancien usage constaté par un grand nombre d'anciens témoignages; mais mon calque, bien que pareil à celui d'Avellino, m'a contraint de reconnaître une autre leçon et de remplacer le vin par l'eau froide : on lit avec certitude DA FRIDAM PVSILLVM.

Après quelques moments d'enthousiasme dus à l'inscription citée plus haut, p. 13, l'étude des inscriptions cursives paraît avoir été peu suivie jusqu'à l'apparition de l'ouvrage de M. Wordsworth.

Cet heureux voyageur aperçut le premier sur le mur extérieur de la basilique de Pompéi des inscriptions métriques gravées à la pointe. Il les recueillit avec soin et les publia en Angleterre, avec des notes plutôt littéraires qu'archéologiques. Son petit recueil parut sous ce titre : *Inscriptiones Pompeianæ; ou specimens and fac similes of ancien inscriptions discovered on the walh of buildings at Pompei,* London, 1837. Lorsque l'élégant volume envoyé par l'auteur à l'Académie d'Herculanum parvint à Naples, la surprise et l'admiration furent grandes. J'ignore si notre illustre Avellino avait connaissance de ces monuments, lui qui dès 1831 avait montré combien il appréciait des inscriptions au stylet beaucoup moins importantes. Ce qu'il y a de sûr, c'est que, dans son zèle infatigable pour la gloire de son pays, il fit alors détacher de la basilique les inscriptions illustrées par Wordsworth et les fit transporter à l'abri dans le Musée royal ainsi que beaucoup d'autres, gravées sur des enduits trop exposés à Pompéi. Et dirigeant dès lors plus particulièrement ses études sur ce genre de monuments trop longtemps négligé, il fit paraître dès 1840 un mémoire sur des inscriptions cursives jointes à des scènes de gladiateurs. Pour voir à quel point les inscriptions au stylet intéressaient notre grand archéologue, il n'y a qu'à parcourir les six volumes du Bulletin archéologique où il a pris la peine avec un soin jaloux de communiquer aux savants périodiquement tout ce qui se découvrait en ce genre à Pompéi. Il en est résulté une série précieuse que la mort seule a pu interrompre en 1847. — La justice aussi bien que l'amitié me font un devoir d'ajouter ici que M. Minervini qui avait eu une si large part à la rédaction du Bulletin a relevé avec tout le dévouement de son illustre parent, cette œuvre patriotique entièrement consacrée aux études et à l'histoire nationale et commencé une nouvelle série. L'Europe savante lui saura gré d'une persévérance dont l'unique mobile possible est l'amour du vrai et du bien, et moi je profiterai de l'occasion pour lui exprimer publiquement ma reconnaissance de ce qu'il a bien voulu m'associer à sa noble entreprise et me donner à partager ses utiles fatigues.

Je ne parle en ce moment que des publications faites. Si j'avais à parler des études qui se préparent, je devrais citer M. Fiorelli qui a dirigé du même côté ses études; mais il ne m'a pas été encore donné de prendre connaissance de ses transcriptions et de ses découvertes. Je sais seulement qu'elles ont été communiquées au docte abbé Furlanetti que la science a aujourd'hui perdu. M. Mommsen a préparé un travail semblable au mien ainsi qu'il le donne à entendre dans son remarquable ouvrage sur les inscriptions latines du royaume de Naples.

J'ai maintenant à examiner plus en détail l'ouvrage de M. Wordsworth. Il renferme trente inscriptions la plupart en vers. Le commentateur en fait connaître les auteurs et jette du jour sur les textes par d'heureux rapprochements. Sa lecture est ordinairement excellente, et je n'aurai guère qu'à la confirmer. Les fac-simile sont loin d'être aussi satisfaisants et c'est un regret pour moi de ne pouvoir les contrôler et les renouveler tous. J'indiquerai ici les inscriptions de M. Wordsworth ou qui n'existent plus à Pompéi ou que je n'ai pas eu le bonheur de retrouver.

Sur le mur septentrional du *Chalcidicum* d'Eumachia (p. 5) : CARMINIBVS CIRCE SOCIOS MVTAVIT OLYXIS (sic).

Ailleurs (p. 20) : QVONAM DIGREDIENS MAGNIS A LAVDIBVS OPPI :

Personnage sans doute différent de l'Oppius que nous avons vu traiter de larron.

P. 14. SOMIVS CORNELIO IVS PENDRE, texte qui pourrait avoir été mal lu. Je me persuade du moins, qu'au lieu de SOMIVS l'inscription portait SORNIVS, famille de Pompéi bien connue par les marbres. Quant à IVSPENDRE, je ne sais qu'en dire (1).

Mon regret est de n'avoir pu retrouver les inscriptions grecques citées par M. Wordsworth, p. 28, et que je me contente de rapporter ici d'après lui :

ΔΙΩΨΑΝΤΟC (sic) ΑΔΩΝΙΟC, ΗΛΙΟΔΩΡΟC,...
ΔΙΟΓΕΝΗC, ΑΠΟΛΩΔΩΡΟS (sic),
ΑΠΟΔΟΝΙΟC (sic), ΕΠΑΓΑΘΟC.

Malgré ces travaux d'hommes vraiment instruits on ne peut pas dire que l'étude de l'écriture cursive eût fait encore de grands progrès. Aussi M. Massmann a-t-il voulu profiter de la découverte de quelques petites tablettes de cire renfermant de l'écriture cursive pour traiter ce sujet plus à fond. Il sentit bientôt en travaillant de quelle importance serait pour son ouvrage la confrontation des inscriptions cursives de Pompéi et il pria en conséquence un de ses amis le docteur Boeckl de lui en procurer des copies. Son livre parut en 1840 sous ce titre : *Libellus aurarius sive tabulæ ceratæ et antiquissimæ et unicæ romanæ in fodina auraria apud Abrudbanyam oppidulum transylvanum nuper repertæ, ed. Jo. Ferd. Massmann, Lipsiæ,* 1840.

(1) Si je ne me trompe, dans toutes ces inscriptions, qu'on peut appeler de second ordre, l'auteur a beaucoup moins réussi. Je soupçonne même que le travail du cabinet l'a parfois entraîné à violenter quelque peu son *fac simile*. Du moins ne sais-je pas m'expliquer autrement comment au lieu de NON EST EXILIVM EX PATRIA *Sapienti* (p. 24), j'ai été contraint de lire sur le monument NON EST EX ALBO... X PATRE ARISTIO. (V. ma pl. XXVI, n° 45).

Je ne comprends pas davantage que l'inscription rapportée par M. Wordsworth, p. 17 : COSMVS NEQVITIAE EST MAGNVSSIMAE, est rapportée si différemment dans le Journal des fouilles COSMVS EQVITIAES MAGNVS DVCET FILIAM.

Il ne peut y avoir aucun doute sur l'erreur introduite, p. 25, dans l'inscription VAL MESALA FAC ME AMES, car il est certain qu'on lit VALE MEA SAVA FAC ME AMES. (V. ma pl. XXVI, n° 48). Ceci soit dit pour rendre hommage à la vérité et non pour déprécier le travail du savant anglais. Dans une arène aussi glissante qui ne doit craindre des faux pas? On verra plus bas la différence entre mes calques et les transcriptions d'Avellino. Or, les erreurs échappées à cet homme éminent n'empêcheront pas assurément de le regarder comme un de ceux qui ont fait le plus fleurir cette précieuse branche des antiquités de Pompéi.

On ne peut passer le nom de M. Massmann sous silence quand on traite de l'écriture cursive. Je puis d'autant moins le faire que plusieurs ont été jusqu'à croire que la matière était épuisée. Mon opinion sur le recueil des formes de l'alphabet cursif donné par M. Massmann se comprendra aisément de tous ceux qui prendront la peine de lire ces pages et de parcourir l'alphabet que je donnerai plus bas. Selon M. Massmann la nature de l'écriture cursive serait déterminée par des raisons de nécessité, d'opportunité, de hâte (p. 39). *Factum est ut literarum singularum ductus prout necessitas quædam aut opportunitas aut denique velocitatis ratio postularet inter se proprius connecterentur, tum paulo obliquius delinearentur, alii supra vel subter lineam mediam producerentur, alii modo arctiores aut pressiores, modo extensiores et solutiores formas induerent.*

En conséquence de son principe l'auteur met au rang des lettres cursives toutes les figures un peu mal faites. J'ai cru au contraire devoir faire consister le caractère propre de l'écriture cursive dans le prolongement des lettres hors du carré normal, dans une direction oblique et une forme simplifiée, c'est-à-dire, dans le résultat naturel et uniforme de l'action des doigts écrivant avec rapidité au poinçon.

Les lettres cursives, tracées sur les tablettes de cire de M. Massmann, ont été écrites vers l'époque où L. Aurelius Verus fut consul pour la troisième fois avec Quadratus (167 de J.-C.); les mêmes étaient en usage à Pompéi *circa annum septuagesimum nec non Ciceronis temporibus* (p. VI). Au second siècle de notre ère les lettres cursives étaient en usage : *quamquam non effusius adhuc, sed ut minusculis intersererentur aut annecterentur* (ib.), M. Massmann réfute donc l'opinion de Mannert (*de tab. Peuting.* 13) d'après lequel les lettres cursives ont été usitées *ex omni tempore*, bien que *nullis exemplis.*

D'après le même auteur les premières lettres cursives, ou bien *formæ cujusdam insolitæ* sont u, u, puis L *parte inferiori magis ad perpendiculum.* Les lettres normales seraient devenues cursives au moyen de ce qu'il appelle *tractus additicios;* ce qu'il établit surtout au moyen de l'inscription publiée par Buonarotti, (*Vetri*, pl. XXII) où l'on voit les lettres F R S V N X X E I, formes qui lui font dire (p. 42) *qui ductus luculentissime ostendunt quomodo orta sit tum plurimarum aliarum litterarum forma cursiva tum imprimis literæ* d *delineatio* (1).

L'auteur en vient ensuite à déterminer les formes de l'alphabet cursif, (p. 41-45) et il prend pour base les tables arvales, quelques diplômes militaires, et quelques inscriptions. Il n'opère d'ailleurs que sur les lettres G, F, B, O, M, R, P, Q, S. Les exemples chronologiques apportés dans cette étude commencent à la pierre chrétienne de Gaudenzia de l'année 308. Aux pages 47-48, il recueille encore des exemples de l'I, pour E sans en rechercher l'origine. Il reproduit ensuite l'inscription OPVS ATTICIANIS AFRODISIESIS (il fallait lire ATTICIONIS) d'après la lecture de Buonarotti, puis celle de PVPVS TORQVATIANVS de Marini, et il emprunte à Gori, (*Colomb. libert. Liv. Aug.* p. 58), l'inscription peinte sur le cou d'un vase

et qu'il lit (p. 55) RVSTICIVS SERBVS (2).

Craignant peut-être que son opinion sur l'antiquité de l'alphabet cursif n'obtînt pas l'assentiment de tous, M. Massmann propose ensuite les

(1) Ici M. Massmann prend à tort pour des *tractus additicii* ces lignes qui à l'exception de trois lettres, ne sont que des accents mis sur les mots d'après un usage assez général introduit dès les derniers temps de la République romaine, et qui a duré longtemps, comme je viens de le démontrer dans ma dissertation sur l'emploi des signes, que l'on a appelés *accents*, sur les inscriptions latines.

(2) Cette inscription a été reproduite par tous ceux qui se sont occupés de l'écriture cursive et interprétée par tous différemment. M. K. Zell fait observer que l'inscription n'est lue qu'à moitié par M. Massmann, mais qu'il propose de lire *Stertinius faber*. (*Handb. der rom. Epig.* II, 45, 30). Je n'ai plus l'ouvrage de M. Massmann entre les mains, mais cela ne s'accorde pas avec mes souvenirs.

Ce cou de vase est maintenant au Collége romain, j'en ai calqué un dessin que je donne ici, et je crois devoir lire FAVSTII. SERBVS.

calques de quelques inscriptions choisies de Pompéi : *E reliquis selegimus... Has ego anno 1833 quum ipse vidissem et cognovissem describere omiseram. Accuratum eorum exemplum debeo juveni humanissimo Dr Bœckh* (p. 61). Je reproduirai ici celles qui manquent dans mes calques et qu'il me semble possible d'interpréter.

p. 61 SVSTVLI *vere cursivam præbet scripturam* (Massm.).
p. 62 VALIINTINVS, MONVMIINTVM, ROMANVS
p. 65 QVI PVDIINTIIM LOQVI POSTVLAT (1).

J'ai voulu donner une idée des travaux de M. Massmann sur l'écriture cursive et les inscriptions à la pointe recueillies à Pompéi, et parce que j'ai suivi cette marche à l'égard des auteurs précédents, et parce que son ouvrage fort rare en Italie est souvent à la bouche des épigraphistes de toute condition. Lorsqu'en 1849 j'eus l'honneur de proposer le travail actuel à l'Académie d'Herculanum, plusieurs de mes confrères craignirent qu'il fût inutile et que j'eusse seulement à répéter ce qu'avaient fait M. Wordsworth et M. Massmann.

Ce que je viens de faire pour l'œuvre de M. Wordsworth, je dois le faire à mon tour pour le Bulletin archéologique de Naples. M'étant imposé la loi de ne reproduire dans les planches que les inscriptions lues de mes yeux et calquées de ma main sur les originaux, je me contente d'indiquer ici les inscriptions recueillies par Avellino et qu'il ne m'a pas été donné de retrouver.

Dans le 1er Vol., année 1842,

p. 67 1. RIISTITVTA ROGAII 2. SV́S 3 MNESTER VA 4 IVENIS
p. 68. 1. NATALIS VIIRPII 2. TIME, TIMIILIIA, TIMIILII NYMPII.. · NTRIX 3. CATVM EXENETATVI
4. VIINIIRIA-MAXIMO-IIXMVCCAVIT-PIIR VIN

(1) C'est ainsi que je lis et interprète cette dernière. M. Massmann y voit QVI PVDENT.. LOQVI... TVI.. Du reste la copie est inexacte et la forme des lettres trop différente du caractère qu'elles offrent à Pompéi.

DEMIA-TOTA-IIT RELIQVIT-TVTRVIIN
TRII [5] VALERIVS
p. 125. [1] HIIĆ VIINATIO PVGNABIIT
VK SIIPTIIMBRIIS
eT FIILIX AD VRSOS PVGNABIIT
[2] A... LIVS MAGNVS ELOTILLAE SVAE
ROGO DOMINA SALVTEM
Vol. II, 1843. p. 9. CA'PRINVS p. 85.
L. SENTIVS CELSVS. ADEAS LIANI TABER
NA AD DEX
Vol. III, 1844. p. 5. [1] LEONIA [2] O PATIIR
PATIIR PROH POPI IN INMA
Vol. IIII, 1845.
p. 12. M VINICIVS VITALIS EXIT PRNON
IVLIAS AFRIINO ETAFRICANO COS
p. 17. ΚΟΡΙΝΘΟΣ ΔΕΞΤΡΟ
Vol. V. 1846.
p. 32. L. CLODIVS ALYPVS.

Maintenant que nous nous sommes entendus sur l'objet précis de ce recueil et que nous avons pris une idée des travaux auxquels il fera suite, il est temps d'en venir à notre propre labeur et d'exposer notre opinion sur la paléographie des inscriptions cursives, leurs archaïsmes et leur orthographe. Je terminerai par un mot sur les fruits qu'en pourront retirer l'histoire et l'archéologie.

### DE LA PALÉOGRAPHIE DE LA LANGUE OSQUE.

L'amour et l'étude de la langue locale se sont conservés parmi les Osques de Pompéi longtemps après que leur ville eût ouvert ses portes aux colons romains, conduits par P. Sylla, en 673. Les maîtres l'enseignaient publiquement avec le grec et le latin. Nous devons cette découverte aux inscriptions cursives, écrites bien souvent par les adolescents et avec le graphium qui servait à rédiger leurs devoirs de classe. Sans parler de toutes les lettres osques que l'on trouve çà et là sur les murs des rues, j'ai recueilli à Pompéi quatre alphabets commencés et interrompus. Le plus riche n'a que cinq lettres. Je vois pourtant que le sort m'a en cela plus favorisé que M. Mommsen qui se plaint précisément, dans un fragment confié au Bulletin archéologique (IV, 117), de n'avoir trouvé que les trois premières lettres. Outre ces alphabets osques on découvre des mots entiers, et ce qui ne peut manquer d'intéresser, on voit des paroles latines écrites en caractères osques, comme on voit ailleurs des mots grecs écrits en caractères latins, ou des mots latins en lettres grecques, échanges faciles en supposant l'étude simultanée des trois langues.

### DE L'ALPHABET GREC.

Les inscriptions gravées sur les murs sont parfaitement d'accord sous le rapport paléographique avec les *papyrus* d'Herculanum, si ce n'est que l'on trouve seulement dans les inscriptions l'Ϸ de Tarente et l'E carré. De Murr a deux exemples d' ≨ dont l'authenticité me paraît fort douteuse : je n'en ai pas trouvé un seul, excepté peut-être dans MAIAC (Pl. XXVI, 21), ce qui me paraît plutôt un sigma carré que je trouve encore en deux autres endroits CωTAΣ et ЄPMAE (Pl. cit. 11, 15). Quant à la lettre Ϸ, je ne sais si elle ne proviendrait pas de la fusion des deux alphabets grec et latin : cette forme archaïque ne se conciliant aucunement avec le sigma en demi-lune. On n'aurait jamais cru que l'Ѧ et le ϕ fussent aussi anciens dans l'alphabet grec (Pl. I, 8).

### DE L'ALPHABET LATIN.

C'est dans la Campanie que l'on doit chercher l'origine de l'alphabet des Samnites. Les peuples de la Sabine eurent un alphabet particulier qui fut en usage dans les premiers temps de l'invasion romaine parmi les tribus qui la peuplaient depuis le *Truentum* au nord, jusqu'à l'*Aternum* au midi et au levant. Mais lorsqu'ils eurent choisi définitivement le lieu de leur séjour et déterminé ses limites, les Vestins, les Marruciens, les Péligniens, les Marsiens et les Samnites, alors se répandit dans toute la nation des Samnites l'alphabet que ces peuples avaient appris des Étrusques de la Campanie, après avoir fait quelque temps usage du grec qui resta dans les habitudes des Lucaniens; et le reste des tribus déjà nommées adoptèrent un alphabet qui était en usage parmi les peuples du Latium et à Rome. Les romains qui avaient dès le principe un alphabet étrusque ou grec en formèrent plus tard un particulier à leur usage qu'ils retinrent ensuite pour les actes officiels et qui se répandit en même temps que leur puissance en Italie d'abord, puis dans le monde. L'alphabet du Latium qui fut l'italique ne servit plus à Rome que dans la vie privée. Telle est l'expression fidèle de l'idée que je me suis formée par l'examen des monuments. Il convient d'exposer brièvement ici une théorie que l'on ne pourrait autrement ni entendre, ni approuver, puisqu'elle rappelle des monuments encore inconnus des savants. Je cherchai en vain des inscriptions de caractère Samnitique au nord du Sangro. Il n'est aucunement douteux que si l'alphabet Samnitique avait pris naissance chez les Étrusques d'Étrurie et parmi les Ombriens on aurait dû trouver des traces de leur passage. Au contraire cet alphabet apparaît dans la contrée des Samnites qui confine à la Campanie, de Venafrum à Barrea (lieu dont je ne pourrais fixer ici l'ancienne dénomination sans m'éloigner trop de mon sujet), ainsi que dans tout le pays des Frentans, compris entre le Sangro et le Biferno, pays appartenant aux Samnites d'après une assertion positive de Strabon. J'aurais également à m'étendre sur cette dernière proposition mais elle sera traitée à part dans un travail que je dois intituler : ***Disquisitiones topographicæ antiquorum regionum, viarum et urbium Regni Neapolitani.*** Les Sabins retinrent donc dans les premiers temps de leur invasion le caractère Sabin. Les traces de cet alphabet se trouvent à S. Omero près de Tronto, à Crecchio près de Lanciano et à Pentima l'antique Corfinium; c'est-à-dire entre les Praetuttiens, les Frentans, et les Péligniens. Le seul monument généralement connu jusqu'ici était l'inscription de Crecchio. Quelques personnes en connaîtront aussi un autre par la publication qu'en a faite le baron D. Domenico Guidobaldi sous le titre de ***Alessandro e il bucefalo.*** J'ai eu le plaisir de découvrir le troisième. Les tribus des Marsiens, des Marruciens, des Vestins, des Péligniens dispersées dans les régions situées entre les Samnites et la rive du Tronto, abandonnèrent vite l'alphabet national pour en adopter un autre qui ne fut pas celui des Samnites et ne peut pas se comparer à celui des Romains, d'usage officiel. Les monuments de cet alphabet se trouvent sur le territoire des Vestins, des Marses et des Marruciens. J'en ai remarqué encore sur celui d'Ardea, des Rutouliens. Le caractère distinctif de cet alphabet est l'E, formé de deux lignes parallèles et verticales I I, et l'F, fait de cette manière I'. L'inscription d'Ardea nous en fournit un des plus anciens et des plus parfaits modèles (*Bull. Arch. Nap. nuova serie,* Tav. VI, p. 182, sq.): [illegible] Plus tard et sous la domination romaine, cet alphabet se conserva dans les inscriptions à la pointe. En Italie, je l'ai trouvé à Fasano, l'antique Gnathia et plus au midi à Canosa; mais le monument romain presque unique où se découvre l'I I est une découverte que j'ai faite à *Casinum:* il en existait un autre dans les Inscriptions domestiques de Fabretti, Cl. III; p. 346, : T. ALI'VCIO SCANTIANO MESTRIO PROVICTRIX I'IICIT, etc. Quant à la lettre II elle est assez connue des savants par les monuments épigraphiques et par les médailles, mais presque partout on l'a vue mêlée à des éléments romains. Sa place naturelle se trouve au milieu des lettres de même nature, c'est-à-dire à L, I, à M, IIII, à N, III, formes tout à fait en rapport avec le génie particulier de l'écriture cursive.

L'inscription qui a déterminé ces recherches sur l'origine et le caractère de l'alphabet linéaire existe encore sur un mur situé à droite de ce qu'on appelle à Pompéi le *vicolo tortuoso :* j'en ai encore découvert d'autres que je donnerai parmi les fac-simile et qui établiront solidement l'interprétation de la première.

Pour mettre maintenant quelque ordre parmi tant de monuments de même nature, nous les diviserons en deux classes : car, parmi les inscriptions gravées à la pointe, il en est d'écrites entièrement en caractères lapidaires romains; d'autres sont entièrement écrites en caractères cursifs, et entre ces deux extrêmes la plupart offrent un mélange plus ou moins compliqué de lettres régulières et de lettres abrégées ou cursives.

J'ai dû chercher une règle pour fixer les époques, et le résultat de mes recherches a été cette formule générale que plus les inscriptions sont chargées de lettres cursives plus elles sont récentes. Il faudrait pourtant se garder de s'en tenir uniquement à cette règle. Il est essentiel d'avoir toujours l'œil sur l'orthographe pour assigner aux inscriptions une époque certaine telles que celles qui portent des fastes consulaires. La plus précieuse de toutes est celle de 775, où l'on chercherait en vain une lettre cursive et que signale une physionomie archaïque. On y lit DIPILVS, HEIC, OC-TOBREIS. Pourtant l'S final de cos se prolonge un peu hors de son rang. L'inscription de Canosa datée de 667 présente la même forme à peu près d'S final dans PHARNACIIS. Il est bon de reproduire ici ces deux inscriptions extrêmement curieuses. La première est écrite sur les murs d'un hypogée de Canosa, appelé *le Trésor* (1); la seconde a été extraite d'un aqueduc romain de la même ville. Elle est sculptée dans le tuf avec une grosse pointe de fer et avec beaucoup de peine ainsi qu'on en peut juger à la vue du travail (2).

Une autre légende d'époque certaine appartient à l'année 715. On com-

(1) J'ai lu dans une autre pièce du même hypogée C· E R avec d'autres traits incertains ; et dans un grand sépulcre de Fasano, dont les inscriptions messapiques et les peintures ont été détachées et se trouvent à présent dans le Musée Royal, j'ai trouvé sur les murs des inscriptions romaines à la pointe, fort importantes en ce qu'elles nous montrent ces antiques sépultures ouvertes à une époque ancienne : *A· Priscus; L· Tutor···· s; Millii·· XIIII* sur un autre parois du même hypogée; *Al. N>* .

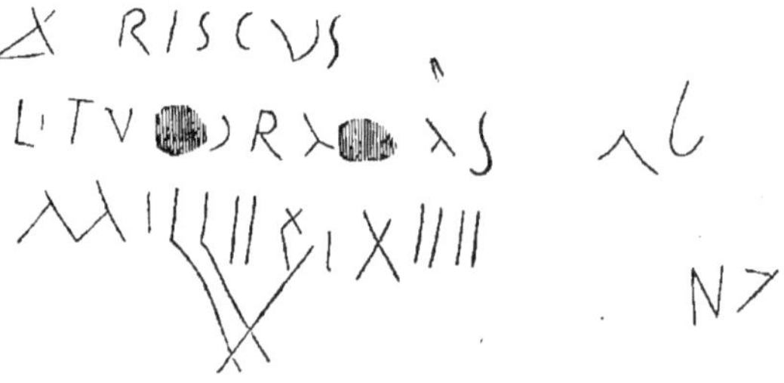

(2) Toutes les deux ont été transcrites par M. Mommsen et insérées dans ses *Inscr. Regni. Neap.*; mais je donne ici le fac-simile. Je lis dans le v. 4 de la seconde inscrip. SVNIIRGASTES (συνεργαστής).

mence à s'apercevoir ici combien il est difficile de déterminer le temps où s'est introduit l'alphabet cursif. Ici en effet se rencontrent le V et le D cursifs dont nous parlions tout à l'heure, ce qui porterait à la croire postérieure à celles de 717, de 749 et de 751 où il n'y a pas de cursives.

Si le siècle d'Auguste peut être regardé comme une époque de transition, il faut pourtant bien se garder d'en tirer quelque conséquence pour les inscriptions en caractères carrés : pour juger de l'antériorité de celles-ci il faudrait pouvoir s'appuyer sur les circonstances indiquées plus haut. Car il est bon d'avertir que l'EI pour I, l'AI pour AE et l'OE pour V étaient encore en usage çà et là vers le milieu du VIII^e siècle de Rome; seulement elles se trouvaient mêlées à des formes plus récentes, comme il arrive aux époques de transition, et ne sont jamais en plus grand nombre.

### DES ALPHABETS DES ÉCOLES.

Les inscriptions tracées avec des caractères mixtes nous font connaître que dans les écoles on enseignait trois alphabets : l'osque, le grec et le latin, et chacun selon ses deux formes.

Nous trouvons dans l'alphabet (Pl. I, n° 4) une première idée de la forme cursive qui devient tout à fait sensible dans les inscriptions où apparaissent les caractères (Pl. II, n° 1), 𐌄𐌄𐌄 et 𐌇 (n° 2) ; l' 𐌍 se montre au n° 5 sous la forme ᛘ| , et l' 𐌌 au n° 4 sous la forme ⋎| . L'emploi de ʔ ou ς se rapproche encore davantage du génie propre de cet alphabet, qui emploie en même temps des lettres sentant l'étrusque comme ᒪ et 𐌌 que l'on remarque sur les cratères dans les tombeaux étrusques de la Campanie.

On voit dans l'alphabet osque (Pl. I, n° 4) le 8 répété et ensuite un ) et un ꓘ . L'écolier voulait peut-être rapprocher 8 et 8, > et ꓘ . L'alphabet le mieux fourni de chiffres nous apprend quel était chez les Osques l'ordre régulier des lettres. Après > vient ꟼ ce qui aurait épargné à plusieurs savants du dernier siècle de grandes discussions sur sa valeur si cet alphabet était tombé entre leurs mains. Après ꟼ l'écolier laisse entrevoir l'intention d'écrire un ∃ absolument de même forme que sur les monuments où le trait vertical se prolonge au delà de la ligne plus bas des traits horizontaux qui le touchent à angle aigu. Dans le troisième alphabet cette dernière lettre est commencée; mais l'enfant a oublié ꟼ. On voit dans le second l'archaïque ꟼ qui répond au temps ou ) s'écrivait ). Cette forme domine partout sur le bronze de Rapino, aussi reproduite à Rome, ou du moins dans l'alphabet romain archaïque en usage parmi les peuples d'Italie.

L'inscription suivante [Π·ᐸΑΙϟΙ], gravée sur un vase de terre d'une pâte assez fine est en langue romaine. Après celle-ci, la plus intéressante est celle de Pietrabbondante dans la contrée des Samnites : mais le fragment est trop court pour que l'on puisse le rapporter à un dialecte connu. Je puis seulement dire que la forme carrée qu'il affecte a été conservée chez les Praetuttiens, les Marruciens et les Vestins : j'ai parmi mes inscriptions inédites la plus ancienne connue de cette dernière nation. C'est de la même manière qu'est traité le nom ***Macolnia*** de la *cista* de Ficoroni si célèbre. La légende est tracée au poinçon sur le revers d'un des trois pieds, qui soutiennent l'*arca*, mal à propos appelée *cista* par les antiquaires. C'est une découverte que j'ai faite lorsque l'on disputait à Rome sur la provenance du monument. Peut-être le ciseleur ne fit-il qu'essayer son instrument; mais en écrivant il ne fit pas ses lettres au hasard. Qui empêche d'écrire des mots qui aient un sens tout en essayant son instrument, et ne le fait-on pas tous les jours? On lit :

c'est-à-dire ꟽAIJꟼOV⅁AꟽM. La redondance du digamma ⅃ rappelle NVFKRINVM NVFLANVM dans les monuments de la Campanie, où il semble que l'on mettait VF pour OV.) D'après cela le mot MAQVOVLNIA équivaut à celui de MACVLNIA, et ce dernier à celui de MACOLNIA de la ciste, comme on disait HERQVLES et HERCOLES. La famille *Macolnia* ou *Maculnia* est sans doute la même qui apparaît plus tard à Préneste où l'on trouve la ciste.

Le lecteur me pardonnera cette digression sur la forme de ꟼ, elle était nécessaire pour faire connaître l'état de l'instruction dans la ville de Pompéi, même sous les Romains.

Mais les études faites sur la paléographie osque enseignée dans les écoles de Pompéi doivent s'appliquer aussi aux enseignements qui concernent la littérature grecque.

Le n° 8 nous offre des lettres d'une très-haute antiquité et l'emploi de R dans la première inscription de la pl. II en montre toute l'application. De cet alphabet le plus archaïque nous sommes conduits comme pas à pas à l'aide de nos inscriptions vers les alphabets des époques plus récentes. Parmi ces derniers celui du n° 5 se fera remarquer par son importance. Il est entier, d'une exécution très-soignée et répété deux fois, une fois à rebours. Quintilien dit (*Inst. orat.*, I, 1) : ***Praecipientes cum satis affixisse literas pueris recto illo, quo primum scribi solent contextu videntur, retroagunt rursus et varia permutatione perturbant, donec literas qui instituuntur facie norint, non ordine.*** Cavedoni a récemment cité deux passages de S. Jérôme qui prouvent l'existence de cet usage à son époque conformément aux exercices de l'école; à cette époque l'alphabet grec qui avait cours dans les écoles employait l'ϵ et le C en demi-lune. Les lettres qui commencent à se prolonger au delà des autres sont le φ et le ψ. L'ω garde toujours sa forme raccourcie ω; le Ξ s'y montre fort différent du Ξ, du mot Ἀλέξανδρος (Pl. II, n° 4) et de l'alphabet (n° 6) qui est aussi rétrograde. Dans l'autre qui est sous le n° 8 le Σ est rétrograde et de forme singulière, et le T est substitué au Θ. Mais un alphabet de véritable forme cursive et de nature à épargner bien des recherches épineuses est assurément celui que j'ai donné dans la I^re planche (n° 10). Je ne doute pas qu'on ne le trouve du plus haut intérêt : mon regret est qu'il n'y en ait qu'un fragment. Son genre se rapproche beaucoup de celui des inscriptions gravées sur les tuiles égyptiennes : il n'y a qu'à comparer le , le et l' pour se convaincre de l'exactitude des rapports.

Si nous avions cet alphabet complet nous serions sûrs de trouver de plus l'identité de l'Ħ puisqu'elle est déjà tout à fait conforme aux tuiles égyptiennes dans l'inscription 12 de la pl. III et dans la 29e de la pl. XXVII.

Mais les murs de Pompéi nous révèlent un autre fait beaucoup plus important. Nous voyons dans les alphabets du caractère romain carré gravés par les écoliers avec leur stylet à écrire, que dans leurs exemplaires l'II se substituait à l'E, tandis que toutes les autres lettres conservent en général le type romain, à part les lettres A, F, T, qui diffèrent tant soit peu. (Pl. I, 11.) Telle était donc l'instruction vulgaire donnée aux enfants dans les écoles en même temps qu'on leur enseignait l'alphabet lapidaire et l'alphabet archaïque pour lire les monuments nationaux dont ces villes étaient alors riches. Ce sont des lettres archaïques et rétrogrades que j'ai placées sur la planche I, au n° 7. On ne saurait les expliquer d'une manière plus naturelle. On trouve dans une autre chambre l'écriture lapidaire à jambages larges et ombrés. Une main d'enfant avait commencé de la sorte son exercice scholastique A B C D. Il était important de connaître quelle lettre l'enfant aurait mise à la suite; je crois deviner à voir la forme de l'A, qu'il n'aurait pas écrit E par les deux lignes parallèles II. Il est tout simple d'attribuer des erreurs à un travail d'enfant; mais une marche constante indique un enseignement d'école, une époque relativement antérieure. On peut prendre pour base d'appréciation les petits vases de S. Césaire qui remontent très-certainement au delà de Jules César. On y voit l'EI au lieu de l'I, l'V et l'O au lieu de l'OV dans FOLVI, NVEMBRES; on y trouve une fois le C pour le G dans LARCI et pour le CH dans PROTARCVS, l'R pour RR dans HIRA, à moins qu'on ne veuille faire venir ce mot de Ἱρά, L pour LL dans CALIOPA, dans GELI, et au contraire LL pour L dans PAVLLA. Ainsi voit-on employer indistinctement l'V et l'I. L'V prend la place de l'Y dans MARTVRA; l'I se change en E dans NVMETORIA, dans SERVILEA : mais on ne trouve aucun exemple de l'AI pour AE. Les lettres sont presque toutes de forme carrée romaine, plusieurs conservent quelque chose de la forme archaïque. Les textes et les caractères obéissent à des lois tellement parallèles qu'il nous est aisé de conclure qu'à telle époque, par exemple au VIIe siècle de Rome vers les temps de Sylla, les lettres cursives n'étaient pas encore introduites (1). De fait, les premières lettres que l'écriture cursive ait corrompues sont le B, le D, le Q, l'R et l'S, et nul de ces caractères ne s'aperçoit sur les petits vases de S. Césaire. Au contraire dans la lamina de plomb dont j'ai donné le fac-simile dans le *Bullettino napolitano,* nuova serie, an. I, tav. XIII, on voit l'une et l'autre forme du Q, et le B, le D et l'R ne paraissent que sous leur forme cursive. C'est par ce motif que je me suis opposé à l'opinion de ceux qui croyaient à sa haute antiquité. Je ne parle pas ici du P, parce que sa forme archaïque est presque semblable à la cursive. Ce dernier caractère ne prouverait donc rien s'il était isolé. La règle précédente est confirmée par les inscriptions de Pompéi.

Dans les trois alphabets, pl. I, n[os] **11**, **12**, **13**, II prend la place de E et ce ne peut pas être par accident. L'unique copie d'alphabet latin presque complet prise sur les murs de Pompéi est celle que j'ai insérée dans la planche I, au n° **11**. Avellino qui l'a transcrite sans en donner toutefois le fac-simile, jugea qu'il s'étendait jusqu'à l'R (*Iscriz. graff.*). Les quatre lettres suivantes bien que visibles lui avaient échappé.

### ANALYSE DE LA FORME DES LETTRES LATINES D'APRÈS LES INSCRIPTIONS À LA POINTE DE POMPÉI.

A. Cette lettre est formée de trois traits. Il arrive rarement que celui du milieu manque : on le trouve entre les deux autres soit isolé et perpendiculaire, soit attaché à l'un des côtés et presque parallèle, tantôt à droite, tantôt à gauche. Il est fort souvent de très-petite dimension et détaché du corps de la lettre; et quelquefois un pli intérieur d'une des deux lignes de côté le remplace. Il est encore

(1) Des deux inscriptions grecques trouvées parmi celles-ci, l'une a été publiée par Baldini (*Diss. Corton.*, T. II, p. 155, seqq, n° 18) et l'autre par Lupi (*Épit. Sev. M.* p. 11). On ne voit pas de lettres cursives, mais on rencontre l'E et le Σ en demi-lune, ainsi que l' ;

très-rare de voir, au lieu de la ligne transversale deux traits formant vers le milieu de la lettre un angle opposé à celui du sommet A.

B. Le B cursif, dans nos inscriptions plus soignées se distingue en général nettement du λ au moyen d'une courbure dans le prolongement supérieur du trait ⅂λ ce qui rappelle le B d'où il provient.

Dans une inscription publiée par Avellino (*Iscr. graff.*, 1840, fig. 3), l'auteur a lu DONVM FAVSTVM FELIX. Je lis au contraire BONVM FAVSTVM FELIX, bon augure que l'on aimait à se promettre *omnibus rebus agendis*. « Quae omnia majores nostri quia valere censebant idcirco omnibus rebus agendis quod bonum faustum felix fortunatumque esset praefabantur » (Cic. *de Divin.*, I, 45). Il est pourtant des inscriptions faites avec négligence où les deux lettres cursives se confondent. Il est à remarquer que le b si commun dans les inscriptions peintes ne se présente que deux fois dans les miennes.

C. Il est essentiel de bien distinguer cette lettre ( du / dont la ligne verticale ne s'incline jamais à gauche autant que le ( dans les bonnes inscriptions à la pointe. En outre le prolongement supérieur n'étant pas connu, il est quelquefois arrivé de l'interpréter de travers. (II par exemple, a été lu CTI au lieu de CII. De là le prétendu nom de gladiateur ACTINIIANVS dont Avellino avait grande raison de n'être pas satisfait. Il fallait lire, en effet, OCIINIIANVS; ainsi IΓACI devait se lire ITACI et non : *primæ factionis* (Pl. IX, 2).

D. ∂ La forme cursive de cette lettre a pour point de départ le D comme le ⅂λ avait le B. Avec ce souvenir il sera toujours facile de la reconnaître.

E. On observera que sur certaines inscriptions à la pointe en caractère romain carré, il manque totalement à l'E une de ses trois branches, celle d'en haut ⊧, ou celle d'en bas ⊦. L' ( en demi-lune est de sa nature une lettre cursive. La forme \\ pour E a été regardée jusqu'ici comme provenant de la Campanie ou des pays voisins.

Le savant abbé Cavédoni cite en preuve des inscriptions à la pointe publiées par Baldini, le PIISTANO des monnaies, aussi bien que l' IMP· TIIR COS· DIISIG· ITIIR· IIT· TIIRT de l'aureus de M. Antoine, frappé en Lusitanie. (*Bull. Nap.*, II, 55 et *Mem. Numism.*, p. 67).

Eckhel avait eu l'occasion de faire remarquer l'II dans les monnaies dès le temps de Jules César (D. N. V. T. VI, 45), et il avait à cette occasion rappelé quelques inscriptions, comme celle de M. Valiirianus (Fabretti, I. D. p. 397, n° 283). Furlanetti les observa sur de petites terres cuites exécutées peut-être à Vicence. On y lit T DIILLI SIIRIIN (*Lap. patav.*, p. 394). Cavedoni les retrouva sur de semblables terres cuites d'Este (*Museo del Cataio,* p. 79). Cependant cette lettre doit son origine aux peuples plus rapprochés du centre de l'Italie, ainsi que je l'ai montré plus haut. Les romains ne s'en sont jamais servis dans les inscriptions officielles, et à Pompéi on a suivi le même usage dans les inscriptions au pinceau : du moins, bien que celles-ci soient en très-grand nombre, je n'ai pu y trouver un seul exemple de l'II.

F. /‾ . Telle est la forme de l'F dans l'alphabet (Pl. I, n° 11) et je la retrouve toute semblable dans plusieurs de nos inscriptions. La forme I' dont j'ai parlé plus haut est également d'un fréquent usage dans l'écriture cursive.

G. C, C. Le G ne perd jamais son trait caractéristique.

H. On ne voit nulle part apparaître la forme h qui se remarque sur des monuments épigraphiques des temps postérieurs.

I. Cette lettre est quelquefois courbée l : c'est un effet de la disposition de la main à former des lignes concaves dans une écriture rapide.

K. ∤( ressemble tout à fait à l'H, mais il en existe une autre forme dans laquelle les deux traits horizontaux sont parallèles entre eux : cette forme se présente dans les monuments antérieurs au VIII^e^ siècle. ∤= On la voit sur les vases de saint Césaire et je l'ai même observée sur une tessera de plomb. J'en ai parlé dans mon livre : *J. piombi antichi*, (pag. 101, ed. 1848, Nap.); et je dois mentionner aussi l'inscription de Pompéi, sculptée sur le bord du trottoir à gauche de la voie publique conduisant à la porte de Stabie : EX· ⊧ ·QVI.

L. . L'L suit la marche de l'P. Elle se montre dans cette forme sur les petits vases de S. Césaire (*Bull. arch. Nap.*, tav. XII, n° 14, 34). Mais Lupi qui la reconnut sur deux légendes, p. 91, 8, p. 97, 45, ainsi que le prouve la lecture correcte qu'il en donne, ne l'a pas remarqué dans le mot PLOTICA qu'il a lu PIOTICA et rapproché de πιοτική.

M. . J'ai déjà parlé plus haut de ces formes. L' est une autre forme remarquable dont j'ai trouvé l'analogue sur un marbre du Vatican publié par Marini, mais que j'ai vérifié sur place et fait entrer dans mes *Mon. cl. pr. mis.* La lettre est M dans quelques-unes de nos inscriptions écrites plus à la hâte.

N. . Cette lettre suit la même loi que lm; mais on le voit plus rarement.

O. Cette lettre est quelquefois ouverte par en bas : ce qui l'a fait confondre avec un A ; mais il suffira de regarder de près la forme générale des deux lettres pour éviter de les confondre. Dans quelques inscriptions de belle main l'O est toujours fait de la sorte ; ce qui aurait pu nous induire en erreur si nous n'avions pas trouvé dans le même endroit la forme régulière de l'A. Autrefois elle est ouverte par en haut .

P. . Il serait également aisé de confondre cette lettre avec R ; mais la différence que j'ai fait observer au sujet des autres lettres se retrouve ici. La ligne droite dans l'R est oblique, et la courbée est beaucoup plus sinueuse dans P que dans R.

Q. . Telle est la forme constante du Q cursif. Sa figure naturelle disparaît dans la forme d'une seule inscription.

R. . Voyez P.

S. . Cette manière de tracer S est particulière à l'écriture cursive plus récente. Précédemment on se contentait de la prolonger au-dessous du carré normal en élargissant sa volute naturelle sans la faire disparaître. On en chercherait vainement un exemple sur les vases de S. Césaire où le P. Lupi crut en trouver (p. 97. 47).

T. . Les formes cursives les plus communes du T se réduisent à deux où la barre horizontale est tronquée de la moitié soit à droite soit à gauche .

V. L'U à base arrondie que l'on commence à voir dès l'époque de Claude dans un de ses diplômes militaires doit provenir du cursif. Quant à celui-ci il est né naturellement de la rapidité de l'écriture. Otez la concavité et vous trouvez la forme employée pendant quelque temps sur des monuments plutôt archaïques où l'on voit le trait gauche oblique et le droit presque perpendiculaire.

Les trois lettres suivantes excepté l' n'ont pas de forme paléographique particulière.

### DE L'ORTHOGRAPHE ET DES IDIOTISMES POPULAIRES.

Il était déjà question chez les anciens grammairiens de l'orthographe et de l'analogie des mots. L'usage soutenu par l'assentiment des classes éclairées produisant avec le temps de grandes modifications dans les langues, il fallut distinguer deux manières : l'une archaïque et l'autre correcte, distinction évidente et nécessaire, lorsque les nouvelles modes n'avaient pas encore achevé leur conquête. Aux deux langages devaient correspondre deux écritures plus ou moins en faveur auprès du public, mais l'une et l'autre assez répandues à tel moment donné parmi les personnes instruites. Nous ne rejetterons donc comme faux que ce qui serait condamné par la pratique générale des personnes cultivées. Il ne suffirait pas pour rejeter une des deux manières rencontrée quelque part d'alléguer une simple raison d'analogie, vu que l'usage introduit parfois et met à la mode ce que l'analogie n'admettait pas.

C'était déjà une tâche difficile que de prononcer en pareille matière à l'époque où florissait la langue latine ; que sera-ce donc au temps où nous vivons ? Dieu nous garde d'être ce « pexus pinguisque doctor, qui hic detractionem, illic adjectionem putat » (Quint., *Inst. orat.*, I, 5). Bornons-nous donc dans ce chapitre à remarquer qu'en observant avec soin toutes les inscriptions faites à la pointe, je ne trouve en général que des échanges de lettres usités par de bons auteurs dans la langue du Latium. « Interim, dit Quintilien (*Inst. orat.*, I, 5), excusantur hæc aut consuetudine aut auctoritate aut vetustate aut denique vicinitate virtutum : nam sæpe a figuris ea separare difficile est. » Je ne trouve encore que certains changements qui s'expliquent aisément par l'âge des écoliers, sans en faire honneur à un dialecte ou à un idiotisme local. Il est même fort rare de rencontrer de vrais solécismes ou des mots inconnus de nos lexicographes que l'on ait quelque droit de prendre pour des barbarismes. Que possédons-nous donc de la langue latine écrite pour porter un jugement définitif en pareille matière ? Est-ce que notre expérience journalière ne nous fait pas reconnaître des mots nouveaux ou de nouveaux dérivés que les connaisseurs finissent par admettre au droit de cité dans la littérature classique ? A eux de décider dans nos doutes ; nous nous bornons à établir les faits et à soumettre nos raisons à ceux qui ont droit d'avoir un avis sur ces questions.

Voici un tableau des échanges, des omissions, des additions et des transcriptions de lettres.

### ÉCHANGES.

| | | | |
|---|---|---|---|
| A | pour | AE | FACAT, XXVII, 57. |
| A | | E | HERANNIVS, XXVII, 65. PIISSIMA, A, 1. |
| AI | | AE | MVTRAIVS, XXVI, 30. CINAIDVS, VII, 3. |
| AI ou AE | | E | CHILICAI, XVII, 1. PATAGRICAE, XVII, 3. |
| AE | | Ĕ | ABVAERIT, XXVI, 51. SCAELERATO, XXVI, 36. TIMAEO, XXII, 2. HAILHNA, XXVII, 39. QVAIICVMQNAI, XXI, 5. |
| AI | | Ē | LINGELAI DISCVNT IMA. |
| AV | | V | CRAVDELI, XIX, 7. AVLISHS, XI, 12. |
| E | pour | A | OPTET, XIX, 1. |
| E | | Ī | PVGNABIIT, (Avellino *Opus.*, etc.) VIRIDEANVS, IX, 2. CARIIDVM, XIX, 7. VIICHS, 11, A, 1. OVEVS, XXVI. 49. |

| | | | |
|---|---|---|---|
| E | pour | Ĭ | CIIPIISSCIT, XXII, 5. PERVSSENOS, III, 2. BADIISTI, VIICIIS, 5. QVIINTINVS, XV, 2. |
| E | | AE | CINIIDVS, XIX, 5. XXII, 7. QVIIRIIS, XVIII, 4. TABVLII, XI, 6. PEDICAT, A, 2. LIITVS, XXVII, 89. |
| E | | OE | PHEBVS, XXVI, 57. CIIPIISSCIT, XXII, 5. |
| EE | | E | FLORIIIINTINA, XX, 11. |
| EI | | Ĕ | AMPITHEIATRVM, XI, 5. |
| EI | | Ē | VEREI, XI, 4. OCTOBREIS, III, 1. ALEIXS, XXVI, 26. |
| EI | | Ĭ | INRVMABEITVR, A, 12. AVEIDVLIS, A, 4. VIIIAM, XXVII, 64. |
| EI | | Ī | BONEI, XI, 4. SEI, XI, 4. HEIC, III, 1. XXVI, 1. 69. EIDVS, III, 1. VTREISQVE, VEIVANT, XXVI, 44. |
| I | pour | Ĕ | CENSIO, VII, 1. NIGATIS, XI, 4. MACIR, XXVI, 26. |
| I | | Ē | LVCRITIVS, XXVII, 21. TENIMVS, XXVI, 36. FILICVLA. ALIXXANDRO, XXV, 44. SANGVNI, XIX, 1, 2. DANTIS, V, 1. VALIA, PERIA, VI, 2. BADIISTI, VII, 3. |
| I | | Y | IACINTVS, XXVII, 11. SCILAX, X, I. PICANDO, VII, 1. CALLITICHE, XXVI, 64. CORITVS, XXV, 17. AVLISIIS, XI, 10. |
| O | pour | V | DIGNOM, XIX, 7. MORTVOM, XVIII, 9. |
| OE | | E | FOEMORE, A, 3. |
| OV | | V | IOVVAVIIS, XXII, 3. CLOVATIVS, XXVII, 95. |
| V | pour | I | MARTIALIS CVNVLIGVS ; SALVIA FELAT IANTIO CVLVSCO. |
| V | | Y | CLVMENII, XXVII, 38. POLVCARPV, XXVII, 45. FISVCA, VI, 4. OPVLENTISSVM, VII, 2. CVLVSCO, pour CYLISCO. VLO, XIX, 11. SVRVS, XXVI, 25. MVRRANVS X, I, 6. |
| V | | O | FVRTVNILLA, XVI, 6. POSTIIRV, XVIII, 7. SERTVR, XVI, 6. |
| C | pour | G | IIVCII, XXVII, 52. EVCII, XXVI, 47. AVCH, XX, 6. CRATA, XXVI, 66. CRANIO, XXVII, 26. PICANDO, XIX, 4. |
| C | | QV | VSCE, III, 3. COTTIDIE, VII, 2. |
| C | | X | LACSSA, XIX, 4. |
| C | pour | CH | CARIIDVM, XIX, 7. PSYCE, XVI, 8. CRYSANTVS, X, 1. CARMA, VIII, 5. CARIS, XXVI, 66. CRESTVS, XXVII, 92. CRESIMVS, XXVII, 74. |
| CH | pour | C | CHILICE, XVII, 1. |
| D | pour | T | CARIIDVM, XIX, 7. DONADA, XVI, 6. PEDICAVD, A, 6. |
| F | pour | PH | FISVCA, VI, 4. (cf. FILOCALVS VOTVM SOLVIT LIBES MERITO, au-dessus d'un tableau votif peint sur le mur de Pompéi). |
| G | pour | C | VINVGIO, XXVII, 12. |
| L | pour | R | ALIIXANDIIL, XXVI, 26. FELLICITEL, XIX, 6. LINGELAI DISCVNT IMA, déjà cité. |
| N | pour | D | VERECVNNVS, XXVII, 93, XXVIII, 52. |
| P | pour | PH | AMPITHEIATRVM, XI, 3. APRODITA, XXVI, 46. APTONETVS, XIII, 1. EPAPRA, III, 4. DIPILVS, III. 1. NICEPORV, XXVII, 48. |
| S | pour | X | ARESIS, XIX, 10. AVLISIIS, XI, 10. |
| T | pour | P | EXXCETTIO, XIII, 7. |

| | | | |
|---|---|---|---|
| T | pour | D | AT, XXV, 1, XXVIII, 1. ILLVT, V, 5. ATIACRITA, XXV, 29. ATMETVS, XXV, 22. |
| T | | TH | CINTIVS. IANTIO, dans l'inscription de *Salvia*, citée plus haut. CRYSANTVS, X, 1. CANTARVS, XXIII, 3. CORITVS, XXV, 11. EANTVS, XXVII, 46. IACINTVS, XXVII, 11. |
| X | pour | Z | BYXANTICE, XVII, 1. |

ADDITIONS.

| | | |
|---|---|---|
| I | dans | CIOCIO, pour COCIO, dans l'inscription citée en note à la page 10. |
| I | dans | MAIIVS, XXV, 3. ARMATVRIIS, XXVII, 55. FVTVII, A, 2, 3. |
| V | dans | MATVVTINUS, XV, 3. |
| L | dans | FELLICITER, XIX, 6. MESSALLA, III, 4. VALLENS, XXVII, 78. AELLIVS, III, 2. |
| S | à la fin du mot | LVNAIIS, XXI, 1. COMINIAES, XXVI, 44. |
| S | dans | ASSELLVS, IV, 2. NASSO, XVI, 1. BASSILICA, XVIII, 11. VISSIT, XIV, 6. AHGISSTII, A, 1. CHPHSSCIT, XXII, 5. |
| S | dans | ALEIXS, XXVI, 26. EXSCETTIO, XXIII, 7. SAXSA SAXSO, V, 2. CRIXSVM, XXVI, 29. DVXSERUNT, III, 4. |
| T | dans | COTTIDIE, VII, 2. POETTICE, XVII, 2. VETTVLENVS (bis), XXI, 9. PVTTA, XIX, 7. ATTELLANA, XXVII, 44. |
| X | dans | ALIXXANDRO, XXVIII, 44. |

OMISSIONS DES LETTRES.

| | | |
|---|---|---|
| I | dans | SANGVNI, XIX, 1, 2. PISSIMA, A, 1. QVIISCIIT, XIX, 12. PEDICAVD, A. FECT, VI, 1. (cf. Marini, *Arv.* 645). HERACLA, XX, 11. FELX, XXV, 4. OPVLEN-TISSVM, VII, 2. |
| O | dans | NVEMBR, XXVI, 23. |
| V | dans | FLAVS, XXVII, 58. FVTEBATVR A, 1. |
| C | dans | SVCESSIVS, XXI, 4. |
| D | dans | SE, VI, 2. |
| H | dans | VLO, XIX, 11. ISPANVS, IX, 3. VMNVS, XXVII, 25. ABVAERIT, XXVI, 31. ERMVS, XVII, 4. IIROS, XXVII, 64. IIROSVLA, XXVII, 94. ALENSIIS, XXVIII, 10. |
| L | dans | BELISSIMVS, XXVII, 12. MALIANVS, XXVIII, 16. |
| M | dans | GABINIANV, XVI, 5. MAIICONII, XXIII, 2. TOTA SAL, XXV, 55. FORMOSA PVELLA LAVDATA, A, 2. FELICE, XXV, 57. MAZCABA, XXVIII, 3. TERMINV, XXVI, 31. PESV, XX, 11. AMPHIONII, XXVII, 5. SALVTII, XVIII, 6. CVNNV. |
| N | dans | MASV, XVI, 5. PESV, XX, 11. CVNVS, A, 1. (cf. *Cunuligus*). CLEMES, XVIII, 5. CRESCES, XXIV, 1. VALES. |
| R | dans | TESTIFICO, XXVI, 65. |
| S | dans | CYRNV XXVII, 88. FLORV, XXVII, 5. DVLCISIME, A, 1. ODER, VI, 4. POLVCARPV, XXVII, 45. |
| T | dans | ATRACTIS, A, 1. AVLISIIS, XI, 10. AMA, VALIA, PERIA, VI, 2. |

OMISSIONS DES SYLLABES.

LI dans TRIMELO, IV, 1. RVBILO, III, 5.
GI dans FRIDAM, XIX, 6.

OMISSIONS DES SYLLABES COMPENSÉES PAR LE TRAIT.

C̄ERIA pour CENTVRIA, III, 2.

MOTS COUPÉS.

VA, ou VAL, aussi SAL (*Salutem*), FEL ou FELIC pour FELICITER. VA peut-être pour VADIT, XIX, 2. TA pour TAMEN, XVIII, 3.

TRANSCRIPTIONS ERRONÉES DES LETTRES ET DES CHIFFRES.

IMAS pour MAIS, XXIII, 6. EPHAPRODITE, XVIII, 10. PHYRRICE, XVII, 1. PIRRHYCVS' XXVII, 51. FISVCA, VI, 4. AMRTIALIS. SIITPIIM, pour SIIPTIIM, IV, 2. SEIPTMIA pour SEPTIMIA, VI, 6. K XII pour XII K, XXIII, 6, 11.

SOLICISMES.

PARI pour *Parĕre*, XIX, 6. 11. EXSANGVNI MEVM, ibid.

SUPPRESSION DES CONSONNES DANS LES FINALES DES VERBES.

Il arrive parfois dans les inscriptions murales de rencontrer des désinences de cas où manque la consonne finale. On aurait tort de s'en étonner. De nombreux exemples cités même par des grammairiens de l'antiquité nous apprennent que ce fut un usage de tous les temps, même les plus anciens, d'omettre la consonne et d'écrire par exemple : *Antioco* pour *Antiocum, Rege* pour Regis; mais ce qui apparaîtra presque nouveau c'est la suppression du T ou de l'S final dans les personnes des verbes.

Bien que mes inscriptions au stylet n'en fournissent pas d'exemple certain, le fait est indubitable d'après l'inscription peinte sur mur que j'ai publiée dans le nouveau Bulletin archéologique de Naples (Pl. I, et pag. 8), et que je reproduis ici (Pl. VI, 2), où se trouve sa place naturelle. J'ai donc lu AMA, VALIA, PERIA, PARCI, PERIA, VOCA. Il est difficile de définir aujourd'hui, s'il faut chercher la raison d'une telle singularité dans un caprice d'artiste ou dans un usage populaire. Cependant un usage aurait dû laisser plus d'un exemple.

# NOTES SUR LES PLANCHES.

Pl. I. N° 1. (*Bull. arch. Nap., an.* IV, p. 117). M. Mommsen insère ici trois lettres d'un alphabet osque. Je ne saurais dire auquel de mes trois premiers alphabets correspondent ces lettres.

N° 2. Avellino (*Osserv. sopra alcune iscr. e disegni graffiti, Napoli,* 1840), a transcrit cet alphabet jusqu'à R.

N° 13. *Bull. arch. Nap.,* I, p. 68 ).

Pl. II. N$^{os}$ 1, 2, 3. Édité par M. Mommsen (*Bull. arch. Nap., an* IV, p. 117), ainsi que le n° 3 (p. 118). Le n° 2 est gravé sur le même mur un peu au-dessous du n° 1.

N° 4. Je ne vois de remarquable dans cette inscription que les noms de caractère oriental, comme Μηροάϐ et Ἀβρδάρ. Il m'a semblé voir à la fin τότε? γὰρ Αἰγύπτιοι ἔπεμπον ἀγγέλους? Ce dernier mot est précédé d'un chiffre, qui malheureusement ne s'est pas entièrement conservé : on ne peut pas distinguer si la ligne verticale était formé en P ou en I.

N° 6. Ce chiffre n'est autre chose que *mancupio do* en lettres grecques.

N° 8. Avell., *op. cit.*

N° 9. *Bull. arch. Nap.,* I, 68 ; mais on y lit à tort : Ἀθηνόδοτος.

N° 10. Avell., *op. cit.*

N° 11. (*Davus sum, malo doceri*).

N° 12. Λουκρίων πυγίζει. Et n° 7 δός, πύγιζε en dialecte gréco-romain.

N° 13. Καλὸς παγείτης εἰ.

Pl. III. N° 1. Anno 675. Inscription du plus grand prix; la plus ancienne de toutes.

N° 2. Je crois voir une allusion au siége de Pérouse (*Appian.* B. C. L. V, 35) anno 713. τὴν Περουσίαν ὁ Ἀγρρίππας, καὶ ὁ Σαλβιδιηνός, καὶ ὁ Καῖσαρ ἐπελθών, τρισὶ στρατοπέδοις ἐκυκλώσαντο — Quant à l'*s* redoublée dans ***Perussenos*** cf. Quint., ***Inst.*** *orat.*, I, 7 : *Ciceronis temporibus, paulumque infra, fere quoties s littera media vocalium longarum, vel subjecta longis esset, geminabatur.*

N° 3. U. C. 717. C̄ERIA je lis *centuria.* Marini en traitent des syllabes supprimées en entier et suppléées par le signe ¯ (Arv., p. 37) cite l'exemple ha déjà emprunté aux célèbres cénotaphes de Pise, dans le mot PRŌNI. Ici il est question d'un *curator* non d'école, mais de combats de gladiateurs.

N° 4. U. C. 770. Avellino, ***Bull.*** *arch.* ***Napol.,*** 1845, p. 8. L'exemple le plus ancien de COSS était jusqu'ici de 158 après J.-C. (Borghesi, ***Bull. Instit.,*** 1835, p. 6). Quintilien qui enseignait précisément à l'époque du consul Blandus, écrivait : *Consules geminata s littera coss legimus.* (*Instit. orat.,* I, c. 7).

N° 5. Clarac, ***Ruines de Pompéi.***

N° 7. U. C. 781. Borghesi assigne à cette année 71 le quatrième consulat de Tibère (***Bull. Instit.***, 1845, p. 152. Marini lui assignait le troisième (*Arv.*, p. 42).

N° 8. L'indication des duumvirs est très-importante, provenant de la même main qui a indiqué le consulat de Tibère et de Germanicus. L'usage de signaler l'année par les noms des magistrats municipaux a été remarqué plusieurs fois, j'en ai parlé moi-même, V. ***Bull.*** *arch.* ***Nap.,*** *nuova serie,* I, p. 131 seg.

Pl. IV. V. ***Bull.*** *arch.* ***Nap.***, an. IV, p. 10 et p. 82 et les diverses lectures que l'on y a présentées. D'après mon calque collationné avec d'autres transcriptions, Borghesi a assigné leur place dans les fastes aux consuls suffecti ***M.*** *Aemilius Scaurus* et *Cn. Tremellius,* U. C. 782.

N° 4. ***Bull.*** *arch.* ***Nap.,*** l. c. Cette inscription et la suivante n° 5 proviennent d'une copie et non d'un calque.

N° 6. U. C. 822. L'écriture en petites lettres paraît tout à fait indépendante de celle où je lis : *Vespasias, ciinties, iit pagum ut nos va.* Cf. Suet. in *Vespas.*, c. 1. *Locus etiam nunc in monte summo appellatur Vespasiæ.*

N° 7. Wordsworth, *Pompeiana*, p. 23, v. 1 QVOI, W. pour VBI.

Pl. V. N° 1. Wordsw., p. 8, qui cite à propos Ovide, Amor., I, 77.

N° 2. Wordsw., p. 7. Ovid., A. A., I, v. 575, 576.

N° 3. Wordsw., p. 14.

N° 4. Inédit.

N° 5. Wordsw., p. 25. Ces poésies renferment des maximes morales de toute autre nature que les principes recommandés par Quintilien aux maîtres d'école : *Hi versus*, dit-il, *qui ad imitationem scribendi proponentur, non otiosas velim sententias habeant, sed honestum aliquid monentes.* (*Inst. orat.*, I, 1).

N° 6. Wordsw., p. 21.

Pl. VI. N° 1. Avellino (*Bull. arch. Nap., an.* 11, p. 19) supplée le pentamètre qu'il crut malheureusement perdu, par ces mots :

*Sepunio nullum dixeris arte parem.*

Le monument porte :

*Sic habeas lances semper ubique pares.*

Cf. (Pers., *sat.* IV, 10) :

*Scis etenim justum gemina suspendere lance.*

*Ut libram teneas æquissimi judicis, nec in alteram partem propensus incumbas*, dit Minucius (*in Octav.*, c. 4).

N° 2. Herculan. *Pitt.* II, p. 328 et all. J'en ai donné le *fac-simile* avec l'interprétation dans le Bull. arch. Nap. (*n. serie*, an. I, 8), mais j'ai cru devoir reproduire ici cette inscription ainsi que deux autres également de Pompéi (n° 6 de cette planche VI, et n° 4 de la pl. VIII) tracées comme celle-ci au pinceau. Le motif est leur singularité et cette circonstance qu'elles sont écrites avec le même alphabet ou à peu près que le plus grand nombre des inscriptions à la pointe. Celle-ci du n° 2 a cela de spécial qu'elle omet presque toutes les consonnes finales des mots : ce qui est fort rare dans les inscriptions à la pointe. Je lis :

*Quisquis amat valiat, periat qui parcit amare,*
*Restantem periat quisquis amare vocat.*
*Felices adias pereas sed, Martia, si tü*
*Vilis denari, Maxima, cura tenet.*

La première lecture que j'ai donnée dans le Bulletin offre quelque légère différence.

N° 4 (*Bull. arch. Nap.*, an. IV, p. 6). Lecture complétée dans le même volume par M. Mommsen (p. 118). Il lit toutefois *Fysica* aussi bien qu'Avellino (p. 90). A la seconde ligne je vois *oderi* et non *oderis*. A la troisième, j'ai donné exactement les lignes telles qu'elles sont tracées sur le mur.

N° 7. Virg. *Ecl.* II, 56.

N° 6. *Siiptimea Acci Caiisti, Marcella Amaranti. Acta V.* 1 *Ma... Siiiptmia Ca... reus A...... orix...* Voici de nouveaux poëtes dramatiques romains, et de nouveaux titres de drames latins.

Pl. VII. J'ai réuni, dans cette planche tout ce que j'ai pu d'inscriptions à la pointe, écrites d'après le singulier alphabet formé de lignes parallèles dont il a été question dans la préface.

Le mot *Menedeme* est des plus curieux à cause du grand nombre de ces caractères. On le dirait une énigme faite exprès. Aussi l'ai-je choisi pour specimen la page de cet ouvrage qui ne traite que de difficultés et de singularités paléographiques.

La lecture de l'inscription placée au n° 1 est certaine :

*Communem nummum dividendum*
*censio : Est Nama noster nummus*
*Magna habet pecuniam.*

L'auteur est une femme qui veut partager avec une autre femme *Magna* l'argent de *Nama* qui avait des relations avec l'une et l'autre. L'interprétation de la dernière ligne est de mon confrère le P. Hercule Grossi.

N° 2. Je n'ai pas besoin de faire ressortir l'importance de cette gracieuse inscription. Voici comment je l'interprète : *In Rufum. Re quondam Vibii opulentissumi, non ideo tenuerunt in manu sceptrum pro Portunio; itidem quod tu factitas, cottidie in manu sceptrum tenes. Rufus* (peut-être *M. Holconius Rufus*) est taxé de faste et d'arrogance. On lui oppose l'exemple des Vibii, de famille distinguée et très-opulente, mais qui n'en étaient pas moins modestes et populaires, et qu'on n'eût jamais vus se rendre sur la place où était le *sacellum* de *Portunus,* le bâton à la main, ce que *Rufus* faisait tous les jours. Pour le supplément de *Portunium* j'ai eu recours à Fronton qui m'a été si souvent utile. Il dit (*Ep.* 23, l. 1) : « Ita evenit floribus et coronis : alia dignitate sunt quae in Portunio quum a coronariis veniunt, alia quum a sacerdote in templo porriguntur». Lobeck (*Aglaoph.*, p. 707) commente ainsi ce passage : *Id est apud Portumni statuam, nisi Vortumni scribendum.* Quant à l'usage du bâton, on remarquera ce passage de l'Étymologiste, p. 185, 56 Sy. 16 : Βακτηρία, ἣν ἐκάλουν ὀρθήν· ἐχρῶντο δὲ αὐτῇ οἱ ἐν περιουσίᾳ, καὶ οἱ δικάζοντες. Les savants auteurs des Antiquités d'Herculanum qui ont déjà cité ces paroles (IV, p. 235) en réfèrent aux observations de Casaubon sur Théophraste (*Charact.* VII, p. 70, 71). On sera comme moi frappé du rapport entre ἐν περιουσίᾳ, et *re opulentissumi.*

N° 3. Ce texte se trouve placé immédiatement au-dessous du labyrinthe (Pl. XVI, n° 9). Je lis : *O Badiisti* (Βαδιστής) *lata, lattario cinaide, latagus cinaidus, quam ego peto pygando lassus, lacssa. Badistes* devait être un batelier, si j'entends bien le sens de *latagus. Latta, lata*, et plus anciennement *stlatta*, comme *stlembus* e *stlocus,* e *stlis* indiquait une large barque à fond plat. Le batelier se sera appelé *latagus* et aussi *lata,* comme nous disons en Italie *turiferario* et *turibolo, trombettiere* et *trombetta* (Cf. Lobeck, *Paral. L. G.* IV, p. 345). Un homme du même métier pouvait également s'appeler *lataris* et *latarius : Stlataris, a stlata rate piratica,* écrit Caper; πειρατικοῦ σκάφους εἶδος, selon la glose. Ici Ἐργόμωχος, *adulator, ambiciosus, ancillula, stlatarius* : à laquelle Lobeck appose (*Aglaoph.*, p. 1318) une note que j'ai rencontrée au hasard et qui prend ici nécessairement sa place sans que j'aie à modifier mon texte : *V. Casaub. ad Theophr. Char. II, p.* 26. *Stlatarius i. q. lator sive laturarius proprie geronem sive gerulum significasse et hinc ad delicatos* ἅβρας *et asseculas translatum videtur, qui quoniam levissimis ministeriis, quœ Theophrastus enumerat in Colace dominos cavillantur* (ἐμπαίζουσι *Hesych. s.* Ἐργόμωχος) *potius quam adjuvant,* Ἐργόμωχοι, *dici potuerunt, i. e. officiorum simulatores. Hinc ni fallor purpura, quæ vendit causidicum, stlataria dicitur* (*Juv. VII*, 124), *quia ad speciem et simulationem opulentiæ adhibetur, et stlatarium bellum Petron. c.* 108 *hoc est pugna lusoria sive battualia, sicut scholiastes Juvenalis navem stlatariam interpretatur batalariam.* La *purpura stlataria* de Juvénal reçoit quelque lumière de la glose marginale de Priscien (in Cod. Lips. 2, ap. Krehl., p. 92.) *Stlata purpura m̄* (lisez *purpuram*) *navis ferens, haec dicitur stlataria.* De même que *Stlatarium bellum* est une rixe entre des *ancillulæ,* des *calones,* des *geruli* et de pareilles gens de la dernière classe qui cherchent à amuser le bas peuple pour gagner quelque pièce de monnaie.

Le *stlatarius* ou *latarius* de l'inscription me paraît un équivalent de *latagus* et mérite ainsi que celui-ci une place dans les lexiques comme des noms de métier. Cette petite inscription me semble du temps de Claude qui rétablit la mode de l'archaïsme AI. On remarquera également le mot LACSSA équivalent à mon avis de *laxsa* dérivé de *laxsare* ou *laxare* dont la signification ne s'écarte pas de l'italien : *lasciare.* Ainsi *quem ego peto pygando lassus, lacssa* signifierait : Laisse-moi, je t'en prie, car je suis las....

N° 4. Wordsw., p. 23. Après MAXIMVM transcrit entièrement par Wordsworth, cet auteur ajoute QVOD CREDE M... ERIT MINVS, qu'il supplée : *Mihi non contemnendo.* Le morceau d'enduit détaché du mur de Pompéi et déposé au Musée Borbonique termine par MAX...

N° 5. Sur le même mur que l'inscription du n° 3 et au-dessous d'elle. Du n° 5 au n° 9 on voit régner l'alphabet linéaire, si ce n'est que l'N conserve toujours sa forme carrée. Je le trouve pourtant fait de cette manière /// dans une autre épitaphe gravée à la pointe : ANOMALVS //T V//R//CV/// ///VS D//S/D//S. (V. Pl. XXVII, 93).

Pl. VIII, N° 1. J'ai lu *Nocte lumen a! a! usque...?*

N° 2. *Bull. arch. Nap.*, IV, 95, PILEOST┼ONI, je lis PHILOSATHONI; φιλοσάθων et φιλομηδής s'expliquent assez l'un par l'autre.

N° 3. *L. Iule Rufam libera.*

N° 4. *Publium Aufidium...*

N° 5. *Carma.*

N° 6. *Bull. arch. Nap.*, an. II, p. 9, n° 7, *Marcellum.*

Pl. IX. N° 1.

| | | | | |
|---|---|---|---|---|
| *Viriotal*, | CL | | *Sextius*, | C |
| *Valer*, | XXV | | *Viridea*, | CL |
| *Amon*, | LXXV | | *Valer*, | LXXV |
| *Servil*, | C | | *Valer*, | LXXV |
| *Marius*, | L | | | |
| *Sequan*, | LXXV | | | |
| *Sedulat*, | XXV | RR | | |
| *Viriod*, | LXXV | | | |
| *Itotag*, | LI | | | |
| *Anarto*, | LXX | | | |

Ceci est une liste de gladiateurs avec l'indication du nombre de leurs victoires. On trouve cette inscription dans la ruelle qui sépare les deux théâtres et débouche dans la rue qui mène à la porte de Stabie. Plusieurs noms barbares se font remarquer : *Viriotalus*, *Sequanus*, *Sedulatus*, *Viriodus*, *Itotagus*, *Anarto*.

N° 2. *Bull. arch. N.*, an. IV, p. 9. Je lis : *Similis Pamphili*, *Hercules Niironis*.

| N° 3. | | | N° 4. | | |
|---|---|---|---|---|---|
| | *Clàcea*, | C | | *Ser*, | L |
| | *Siix*, | CXXV C | | *Amoni*, | LXX |
| | *Valer*, | XXV XXV | | *Vale*, | XXV |
| | *Siicun*, | LXXV LXXV | | *Vetio*, | CL |
| | *Amon*, | L XXV | | *Julium*, | LXXV |
| | *Sitio*, | IIIIIIII | | *L. Plotium*, | C |
| | *Scava*, | LXIIIIII | | *Siix*, | L |
| | *Siidlatus*, | | | | |
| | *Ispanus*, | | | | |
| | *Iutto*, | | | | |

Ces deux inscriptions nous donnent de nouvelles listes de gladiateurs toujours avec l'indication de leurs victoires. Dans la première l'indication de combat précède les nombres des victoires. Les noms barbares ne font pas défaut : *Scava, Iutto ; Sedulatus* reparaît. Il est à remarquer que dans la seconde liste l'accusatif remplace le nominatif.

*Vetio* est là pour *Vetium* (*Vetiom*), échange populaire et de haute antiquité à Rome. *L. Plotius* pourrait être un *libertus*.

N° 5. *Jucunda Mirmilloni, Onarille* (de 'Ονάριον) : cf *Equillus* parmi les inscriptions gravées au trait, et publié par moi dans le Bull. arch. Nap., vol. II.

Pl. X. N° 1 a, 1b. Il faut réunir ces deux inscriptions comme elles le sont sur la muraille.

*PPA*

*Múnus M. Maescinii.. m. l. l. v. v... II.*

*Ve..... naVI nonas maias*

*Tr. M*
*.... nator. ner. IIr ... Tigris iul. I0I*
*..... viens ner. III ..m. Speculator. l. XIX*

*I..id R*
*v*

*Crysontus..... p. II, m. Arto.....*

*. . . . . . . . . . . .*
*m. P... cacius iul*
*v. . . . . . . alu... sm*

*Iniii. .*

*m An. . . . . . . ner*

*O M*
*m C· A ....... iul. IV*
*. . . . . . . . . . . . or.' II*

*Tr.*

*v Aian : n*

*Munus. P. Sornii V. IV. III. pr. idi. . . . . X h. IIII.... mai*

*Di · O*
*m... ciens ner XX. . . . .*
*v Nobilior iul. II*
*T. M*
*m. L. Siimpronius. . . .*
*p Platanus. iul . . .*
*T. M*
*v. Pugnax. niir.* III
*p. Murranus ner.* III
*O. T*
*v. Cycnus, iul.* VII. I
*m. Atticus. iul.* XIV.
*T. M.*
*v. Hiirma. iul. IV.*
*m. Petillius . . . . . .*
*liss*
*m. Bostorius LI.*
*v. Scilax· iul. XXVI*
*Tr. M*
*v. Nodu...... iul. VII*
*m. L. Piitronius. XIV*
*T. M.*
*v. L. Fabius VII...*
*v. Astus iul. XIV*

*. . . audand. 'ior . . XI*
*m C. C . . . . . XIV*

*m Nan. . . . . . . . . . . . .*
*R. I . . . . ofo . . . . . s iv*
*. . . . . . . . . . . . .*
*. . . . . . . . . . . . IV*
*. . . . . . . . . . . . IV*

Dans le spectacle, *munus* (1), donné par M. Mæscinius combattirent six paires, un *thrace* avec un *mirmillon,* un *oplomachus* avec un *mirmillon*, deux *essedarii,* un *thrace* ou un *rétiaire,* dont le rival n'est pas aisé à reconnaître dans l'inscription. Il n'est également pas facile de dire si la première paire du spectacle donné par Sornius était composée d'un *dimacherus* et d'un *oplomachus.* Après cette paire viennent cinq autres, c'est-à-dire une composée d'un *thrace* et d'un *mirmillon,* une d'*essedarii,* et une autre composée d'un *oplomachus* et d'un *thrace.* Ce sont des matériaux pour avancer nos connaissances sur l'antiquité; nous en ferons usage en son lieu.

Parmi les noms serviles des gladiateurs, on trouve des affranchis, ou des citoyens libres : *L. Sempronius, L. Petronius, L. Fabius.*

N° 2. Copiée par moi à Rome sur les murs d'une chambre terraine au pied du mont Palatin.

Pl. XI. N$^{os}$ 1, 2, 3.

*Faustus Itaci neronianus — Priscus. n. VI, v. Herennius l XIIX*, en bas : *X — Asteropaeus ner CVII, v. Ociineanus l. VII, m — Ad Ampitheiatr* — en bas : *sq.*

Parmi nos figures de gladiateurs je regarde celles-ci comme particulièrement importantes. Avellino qui l'a fait connaître le premier s'en est bien aperçu; mais malheureusement le calque d'après lequel il a travaillé était fort inexact. J'ai pris le mien avec tout le soin imaginable. Ce calque fait entièrement tomber le soupçon de mon collègue Minervini que la troisième figure pouvait être un *Eques :* car cet *E* placé près de la figure en question devient maintenant l'extrémité d'un trident, au bout d'une hampe tenue par le rétiaire voisin. En outre la lecture ITACI rend impossible celle de *FACTionis I* (*primæ*). La sigle *L* qui suit *Herennius* est trop détachée du chiffre numérique pour qu'on puisse en faire un tout : je propose par conséquent

(1) Un passage de Cicéron (*pro P. Sylla*, c. XIX; ed. Mai) peut recevoir ici une correction dont il a besoin encore : « *At praefuit familiae* (*gladiatorum*)... : *tamen munere servili obtulit sed ad ferramenta prospicienda, praefuit verò nunquam, eaque res per Balbum Fausti libertum omni tempore administrata est.* En joignant le mot *servili* à *munus*, Cicéron n'eût fait qu'aggraver le mal qui pesait sur son client. *Servili* me paraît indubitablement le génitif de *Servilius;* et il faut lire *munere Servilii.* Cf. Lucil. IV *Satyr.* (ed. Douza, p. 290).

*Aeserninu' fuit Flaccorum munere, quidam*
*Samnis spurcus homo.*

de lire *Libertus* (1). On lit également ici le P au lieu de l'M ordinaire. *Horennius* cependant est encore sur pieds, ce chiffre nous fait donc connaître l'issue du combat, *Periit*. La légende qui court au-dessus de toute la représentation et qui est tracée en plus grands caractères ne peut appartenir qu'à l'une des deux figures debout entre les combattants et le directeur des jeux. Je propose de la rapporter au laniste. Je ne pense pas que le mot d'*Itaci* empêche de le reconnaître comme *donatus rude*, puisqu'on peut suppléer *libertus*. Le laniste devait être choisi parmi ceux qui avaient reçu la verge et qui étaient par ce fait entrés dans la condition des *liberti ludi*, se trouvant ainsi *manumissi*. La figure armée de la verge, que l'on voit gravée dans la cannelure d'une colonne à côté de celle où se développe notre scène est un *dissignator* de l'amphithéâtre (n° 3). Ceux-ci avaient la verge comme le *lictor*, ainsi que Plaute nous l'apprend dans le prologue du *Poenulus*, v. 18, 26.

On remarquera avec intérêt l'inscription au-dessus du dernier personnage ; c'est le cri qu'il fait entendre pour inviter le peuple au spectacle. Tout proche en effet est représentée une des entrées de l'amphithéâtre.

Les deux gladiateurs qui combattent en second lieu sont *Asteropaeus* le Néronien qui avait reçu 107 couronnes et *Oceneanus* qui n'en avait gagné que 56. Il procura ici un triomphe de plus à Asteropaeus puisqu'il obtint soit faveur du peuple ou de la loi, c'est incertain, le droit de se retirer. Avellino lit *Actineanus* sur le calque peu fidèle. *Oceneanus* est pour *Ocenianus* (cf. *Virideanus*), dérivé d'*Ocenus* ou d'*Ocenius*.

N° 4. *O curatores Nuela et Barna et Neo, vos essetis verei bonei sei commeatum...uti..u.. ad tempus daretis ; nam semper negatis. P... tibi...ic dec cauda..os nunc con....ni..n...m*

N° 5. V, pag. 7. Je lis : *VIIII·k·febr tabulas positas in muscario CCCVIIII notissimum.*

N° 6. *Tabulii Consili.*

(1) Le gladiateur *libertus* était fort apprécié dans les spectacles, comme ayant conquis la liberté par sa valeur. On lit en ce sens dans Pétrone : *Ecce habituri sumus munus excellente in triduo die festa, familia non lanistitia, sed plurimi liberti* (c. 45).

N° 10. *Bull. arch. Napol.*, an. IV, p. 50. Avellino a lu : « Nero dole aut istis » : je vois au contraire *Nerodo L· l· Aulises. Aulestes* est un nom propre dans Virgile (X, 207). On voit dans les MSS. *Auletes, Aulestes* et *Eulestes :* mais je crois que c'était *Ulyxes.*

Pl. XII. N° 1. Les deux gladiateurs qui se disputent la palme sont *Antigonus* et *Superbus,* tous deux *liberti;* mais *Antigonus* le rétiaire se prévaut de deux mille cent douze victoires et Superbus en compte à peine une. *Casuntius* son maître aura donc de bonnes raisons pour lui dire : *accede. Dicet* est un idiotisme populaire comme *pugnabet, linget,* des inscriptions de Pompéi, formes qui parurent à Avellino des oscismes.

N° 2. Ἀνίκητος Ἀχιλλεύς. *Achillos* était un gladiateur Samnite qui a mérité l'acclamation d'ἀνίκητος, *invictus.* Ce titre d'honneur est donné ailleurs au rétiaire *Generosus.* Je ne puis joindre à ces deux exemples la scène peinte de *Prudens* et de *Tetraides,* parce que dans la légende qui l'accompagne il n'y a pas PRVDES· I, mais L, c'est-à-dire *libertus.* Orelli (n° 2541) qui l'a copiée dans l'édition de von Goro, p. 106, explique la sigle par : *invictus.*

Je ne citerai pas non plus le RV· 1· expliqué *Rudiarius invictus,* ce que je rejette avec Orelli ; mais sans agréer davantage son interprétation *Rudi primae ;* je lis de préférence *Rudis unius.*

On rencontre un singulier usage du mot *invictus* dans une inscription de Pompéi tracée au pinceau où il semble que l'épithète soit affectée non à un gladiateur mais au chef de la famille gladiatoriale *Popidius Rufus,* le directeur du spectacle.

POPIDIO RVFO INVICTO MVNERIII (1)
DEFENSORIBVS COLONRVM FELICITER

(1) Le mot MVNER III ne peut pas se lire MVNI*fico* R*eliquis* III (*tribus*) comme ont fait Rosini et Orelli, n° 2557, mais plutôt *Munerario tridui.*

C'était l'usage de donner au peuple deux, trois, quatre jours consécutifs, des jeux à l'occasion de quelque fête solennelle, ou des vœux publics *pro salute Caesaris.* Les exemples sont trop communs pour que j'aie besoin de les citer ; je rapporterai seulement, parce que le rapprochement est important, l'inscription de *C. Concordius Siriacus* que l'on dit avoir été *Munerarius bidui.* Orelli, 1183. Visconti, dans son explication des inscriptions du Musée Jenkins (p. 79) a fait connaître les éditeurs de jeux de quatre jours K· AVG· HONOR· P· D· LVDOS· IN· FORO PER IIII FECE-

Pl. XIII, N° 1. *Spiculus Niir tiro V, Aptonetus*
*Libr. XVI P*

« Spiculus Neronianus tiro, vicit. Aptonetus librarius victoriarum XVI, Periit ». Telle est l'interprétation très-simple de la légende. C'était assurément une grande gloire pour un commençant d'avoir tué un compétiteur qui comptait déjà seize victoires. La sigle LIBR aurait dû contenir Fabretti dans l'interprétation donnée par lui aux sigles LIB du marbre de *M. Antonius Exochus* lorsqu'il arrivait LIB· VIIII : *hoc est librarum novem : qui gravissimis cœstibus novem librarum pondo depugnare solitus erat ;* mais Hagenbuck ne s'en est pas tenu là et dans une lettre adressée à Maffei : *Ultima hujus saxi,* dit-il, LIB. VIIII, *qui mihi explicabit, eum valde amabo.* Il propose en conséquence d'interpréter *libertus* et avec justesse, selon moi. Le gladiateur qui recevait l'honneur de la verge avait droit de s'asseoir au spectacle ; il avait cessé d'être au rang des esclaves auxquels cette faveur était refusée par la loi, et de la sorte *manumissus,* il prenait le titre de *libertus,* condition désormais équivalente à la sienne. Mais dans le cas présent nous ne devons reconnaître qu'un titre d'office : il y avait dans les compagnies de gladiateurs un *librarius* ou contrôleur comme il y avait un *curator,* un *manicarius,* un *unctor,* un *cryptarius* cités dans l'inscription romaine des : *Initiales collegi Silvani* (Marini *Iscr. Alb.*, p. 12). Je remarque à la vérité que le *librarius* était *immunis* de l'arène, comme l'étaient, à ce qu'il semble, le *manicarius,* le *criptarius*, et l'*unctor*, auxquels l'inscription citée ne donne

RVNT· IIII PRIMI· NATALE IVLIAE AVGVSTAE, c'est-à-dire : *Kalendis Augusti honorem publice dederunt, ludos inforo per quatriduum fecerunt quatuor primi, Natale Iuliae Augustae.* Parmi ceux qui ont donné des spectacles de trois jours on doit une mention spéciale à *Cn. Alleius Nigidius Maius*, lequel, à l'occasion de sa nomination au Duumvirat quinquennal de Pompéi, donna un spectacle pareil, ainsi que l'apprenait une affiche maintenant détruite, mais que j'ai publiée dans le Bull. arch.; Nap., An. 1, p. 117. — Cet avis était suivi d'une acclamation à l'heureux événement : Félicité aux quinquennales de Mai; puisse revenir un pareil *triduum.* VENERIT, MAIO QVINQVENNALI FELICITER, PAR III. Ceci me permet d'expliquer aisément une autre inscription de Bénévent où je lis que *A Vibbius Januarius* fut CVR MVNERIS D III VIVVS AVLIS VIBBIS IVSTINVS IVSTINIANVS IANVARIVS FILIS· PATRI BENEM· F· Je l'interprète : *Curatori muneris dierum trium vivus Aulis Vibbiis (qui cognominantur) Justinus, Justinianus, Januarius) filiis patri benem. fecerunt.* « Aulis Vibbiis filiis » c'est par erreur soit de l'auteur de l'épigraphe, soit du *quadrataire.*

aucun titre indiquant la profession de gladiateur; mais les *immunes* étaient libres de combattre, comme nous le savons des lanistes.

Pl. XIV. N°1 ...*nus, Iulianus, IV I S; Primigenius, Iulianus XXXIII I M.*
*V* *M*

Du premier moment que j'ai aperçu à l'extérieur du temple de Mercure et de Maia (1) cette singulière inscription, elle me parut au plus haut point utile pour déterminer l'interprétation du IVL que notre illustre Avellino et tous depuis lui ont lu TVL et expliqué par *tulit victorias* ou bien *palmas* et *coronas* (v. Avell. *Observ., etc.*, dans le troisième volume des *Atti dell'Accademia Pontaniana*). Mais je me réjouis d'avoir été ainsi prévenu par M. Mommsen, qui expose la même interprétation (*Inscr. R. Neap. lat.*). L'inscription que je produis ne permet aucun doute puisque *Iulianus* est en toutes lettres comme on voit ailleurs, *Neronianus*. Les chiffres qui accompagnent le premier gladiateur signifient à mon avis *Vicit IV, I* (*semel*) *Stans*, et ceux qui se voient auprès du second *Vicit XXXIII, I* (*semel*) *Missus*. Cette opinion a pour appui l'inscription de Flamma le *secutor*, qui PVGNAT XXXIIII ; VICIT, STANS VIIII (Orelli, 2571). Les chiffres suivants placés hors de la ligne et de plus grande dimension indiquent que dans le combat représenté ici le premier *Vicit* et le second *Missus est.*

N° 2. Inscription importante en ce que le mot *felicis* a été écrit de la même main en caractères carrés et cursifs.

N° 5. C'est une nouveauté de voir une chasse de l'amphithéâtre où le gladiateur est représenté à cheval. Celui-ci poursuit un cerf dont son javelot (*amentatum iaculum*) a traversé le flanc.

N° 6. Dessiné seul par moi. On reconnaît sans peine le mètre.

Pl. XV. J'ai réuni dans cette planche de précieuses pochades de gladiateurs N°s 1, 3, 4, 5, 6, parmi lesquels on reconnaîtra le *provocator* (n° 1), si l'on se rappelle que dans une autre inscription à la pointe la *parma* est attribuée précisément au *provocator* (V. pag. 9). Il combattait, on le voit avec la lance. J'en ai produit un meilleur exemple (Pl. XI, n° 2) dans la figure

(1) On l'appelle le temple de Vénus par les guides.

à droite qu'il sera utile de confronter avec celle de notre groupe. L'un et l'autre ont des défenses aux deux jambes et une aigrette au casque. L'un et l'autre ont la manche, la lance et un poignard qu'ils tiennent de la main gauche au-dessous de la *parma*. Furlanetto a cru que le *provocator* n'était pas autre que le *secutor*. Nous voyons clairement ici qu'il s'est trompé. *Hermes* a aussi joué le rôle de *provocator : Hermes belligera superbus hasta* (Martial).

La figure au N° 6 représente un *Veles,* dont le propre était de lancer le javelot, de sorte qu'il devait en porter plusieurs. Ceci nous fait connaître quelle était l'armure du *Veles* dont nous savons à peine le nom, grâce à une inscription de Venosa qui le mettait au nombre des gladiateurs. Le *Veles* n'a pas de ces défenses de jambes qu'on attachait avec de petites courroies au-dessous du jarret : il est également privé de la *manica* accoutumée. Sa tête est défendue par un casque orné de deux plumes, et son autre défense est un bouclier léger. Cicéron a décrit le *Veles* dans un endroit où personne n'a encore songé à le chercher (*de Orat.,* II, 78) : « Ait idem (Philippus) cum brachium concalefecerit, tum se solere pugnare; neque attendit, eos ipsos, unde hoc simile ducat, illas primas hastas ita iactare leniter, ut et venustati vel maxime serviant, et reliquis viribus suis consulant... In ipso illo gladiatorio vitae certamine quo ferro decernitur, tamen ante congressum multa fiunt quae non ad vulnus sed ad speciem valere videantur ». Rapprochons de ce passage celui d'Ovide déjà cité par Maffei (*Anfit. veron.*) à propos du *Veles :*

*Utque petit primo plenum flaventis arenae*
*Nondum calfacti velitis hasta solum.*

Pl. XVI. N° 3. Massmann, *Lib. Aurar.,* n° 63.

N° 5. *Bull. arch. Nap.,* an. I, p. 21 : *Venies in Gabinianum pro mansu* (*ut mandas*).

N° 8. Avellino, *Osserv. sopr. alc. iscr. et dis. graff.*

N° 9. *Bull. arch. Nap.,* an. VI, 39. *Bull. de l'Instit.,* 1847, 137; v. 1 LABYRINTHI, *B. Nap.,* pag. 126. v. 3 MINOTAVR *B. Inst.*

N° 10. *Acilux,* celui, *qui acutam aciem oculorum habet.*

Pl. XVII. N^os^ 1 à 3, Avellino, *Osserv. sopr. alc. iscr. et dis. graffiti.*

L'interprétation de cette singulière inscription paraîtra moins difficile, en observant que parmi les désinences on rencontre celles des cas grecs. Dans l'édition des : *Scriptores latini rei metricæ* donnée par Gaisford, Oxonii, 1837, on trouve, p. 354, un petit glossaire des mots employés dans la grammaire des anciens. Cet Elenchus est intitulé : *Grammaticæ artis nomina græca et latina notata.* On y voit les mots : *onomastice, nominativus; genike, genitivus; dotike, dativus; œtiatike, accusativus; eletike, vocativus; aphœretice, ablativus.* Et dans la liste de l'écolier de Pompéi on trouve également les mots : *genice, dotice, onomastice,* joints à d'autres noms que l'on pourrait soupçonner πτώσεις de dialectes : mais cette question ne saurait se traiter ici.

Le N° 4 nous fournit un exemple des noms assignés aux enfants en raison de leur travail. On a écrit au-dessus : *nomen.* Puis viennent trois noms : *Secundus, Hermus* et *Primogenius.*

N° 5. Wordsw., p. 17, v. 1. *Simulem,* à tort. On observera à la fin du mot *voleba* le signe qui remplace l'M. Un signe équivalant ‾ la supplée dans les inscriptions gravées sur pierre, et un pareil ~ dans les mss d'époque plus récente. (V. *le nouveau traité de diplom.,* VIII, p. 481).

N° 8. *Quid faciam vobis o cilli* (cf. dor. κιλλός *asinus,* lat. *cillus*) *lui c.*

N^os^ 9, 10. Deux inscriptions de grande difficulté. J'attendrai quant à la première ce que d'autres en diront. Je pense que le sens de la seconde est : *Lucili paucos opto tisut* (*sicut*) *sefi* (*sæpe*) *schipsi* (*scripsi*) *ficus tuas, ut paus* (*prius*) *Tusquini dim* (*dem*), *quam ustulatæ sunt.*

N° 11. *Arruntiis feliciter va.*

Pl. XVIII. N^os^ 1, 2, 4. *Bull. arch. Nap.,* II, 9.

N° 3. *Theorius* (cf. pl. V, 6, *Theorianis*) *est Holconii, nec tamen it in Mazcabam.* Mascaba (écrit diversement dans les mss : *Mascaba, Masgaba, Magaba*) a été un nom propre porté par un fils de Massinissa (Liv. XLV, c. 13). Un autre Masgaba a été nommé par Suétone (in *Aug.,* c. 98). : *Ex dilectis unum Masgabam nomine quasi conditorem insulæ* (*Caprearum*) κτίστην *vocare consueverat.* Ce dernier mourut en 766, et pourrait bien être le personnage de notre inscription. Quant à l'étymologie, voyez Gesenius (*Mon. phœn.*, p. 409). *Masucaba* était une ville épiscopale de la Mauritanie Césarienne.

N° 5. *Montanus p. VII. Furcillus p. VII. Cliimiis p. VII. Non...*

N° 7. *Bull. arch. Nap.*, n. s. I, 141.

N° 8. Wordsw., p. 15.

N° 9. Wordsw., p. 16. v. 1, *F Geœ?* Pour *C. Heio conlegœ.*

N° 10. Wordsw., p. 22, met inexactement ΘΕΡΑPHRODIT.

N° 11. Romanelli, *Voyage à Pompéi*, Wordsw., p. 14, et autres.

Pl. XIX. N° 1. Guarini, *Mansio* III, 18 et IV, p. 185, omet les deux dernières lignes. L'inscription du N° 2 aide à entendre celle du N° 1.

N° 5. *Lollius .... inom.., Priscus, Musicus, Atimiitus,.... udius, ....,*

N° 6. *Augusto. fellicitel.* cf. *Petron. Consurreximus altius et Augusto patri patriœ feliciter diximus.*

N° 7. *Vimr...; Avita, meae deliciaii ludamus parumpiir: hunc lectum Cariidum me tiistii diignom esse puta... nonas siipt hic fuit*, etc. Sur *hic fuit* cf. Letronne, *Recueil d'Inscr. grecques en Égypte*, II, n. CXV, p. 159 et *Revue archéologique*, VIII, p. 564.

N° 8. Avellino. V. à la page 12.

N° 10. *Scio quo irii coiipiirunt Aresis iit Onas.* (*Aresis* est Ἄρηξις).

N° 11. *Victoria vadit, et Hylo viiciis suaviter sternivit.*

N° 11. *Quiisciit.* Ainsi *quiisco* est assez ancien dans la langue romaine.

Pl. XX. N° 1. Je complète ici l'inscription : *Miccio ciocio tu tuo patri cacanti confregisti piiram.* V. à la page 10, note.

N° 2. *Ianuarius inludus,* nouveau mot, cf. *inlex, investis, inlunus, invinus.*

N° 6. *Augii amat Arabienum.*

N° 11. Une petite partie de cette très-curieuse inscription a paru dans le Bull. arch. Nap. (an V, p. 10) avec ces mots d'Avellino : « Ravvisai ancora una lunghissima iscrizione graffita con tratti oltremodo sottili e sovente incertissimi, dei quali trascriverò qui alcuni, che mi parvero meno dubbiosi a leggere. » Il commence ensuite à la ligne qui est pour moi la troisième et transcrit ainsi un petit nombre de mots.

*Vitalis, trama iit sta*
*Floriintina, piisa III*
*Amaryllis, piisu. trama.iit stamiin*
*Ianuaria Syrtii, piisa III iit. stam...*
*Hiiracla, piisu stamiin*
*Lalagii, p. II*
*Ianuaria, p. II. trama*
*Floriiiintina, p. II*
*Damalii, trama piisu*
*Rufa, trama piisu*
*Tautis, piisu trama*
*Doris, piisu stamiin*

***Pensum*** est écrit d'une manière populaire ***pesum***. Le pluriel est ***pesa***.

Onze servantes ont à faire la quenouillée; la trame est assignée à six, et à cinq la chaîne pour tisser. Deux ont une triple tâche de quenouillée, *Florentina* et ***Ianuaria;*** trois une double, ***Lalage, Ianuaria, Florentina.*** Je regarde comme des fautes d'écriture ***Heracla,*** bien qu'il y ait ***Herclus*** dans le dialecte des Vestins; et ***Floriiiintina,*** bien que cette seconde ***Florentina*** dût se distinguer de la première par quelque adjonction, comme la seconde ***Ianuaria*** se distingue de la première par le surnom de ***Syrte.***

Pl. XXI. N° 1. Guarini, ***Mans.*** IV, p. 180, v. 4, met à tort ***va.***

N° 9. ***B. a. Nap.,*** II, p. 9.

Pl. XXII. N° 2. Wordsw., p. 14, mais il omet ***maniis.***

N° 4. ***Bull. arch. Nap.,*** IV, 7.

N° 5. ***Antia .... fei ciipescet Amphioniim.***

Pl. XXIII. N°. Wordsw., p. 12 : il lit à tort ***es.***

Pl. XXIV. N°. ***Bull. arch. Nap.,*** n. série I, p. 62. L'inscription complète est : ***Popam aed Procum Caselli. Procum*** est ici pour ***Proculum.*** Ainsi trouve-t-on écrit au pinceau sur un autre enduit ***Q. Postumium Procum aed o. v. f. Sextilius. Verus facit*** (M. Minervini a lu ***Proculum B. a. N.,*** n. série, II, 51). Je n'ai donné ici que le dernier mot. Dans le Bulletin Nap. on lit : ***Popam aed, oro vos IIII*** XXI ***Salpio.***

Pl. XXV. N° 2. Calqué par moi à Rome au pied du Mont Palatin. On voit un âne tournant la meule : comme le décrit Apulée (***Metam.,*** l. IX,)

Taeniae sparteae totus innixus, multivio circuitu intorquens molas, et instabili machinarum vertigine lucubrans pervigilem farinam : Au-dessous, se lit cette jolie inscription en beaux caractères : *Labora aselle quomodo ego laboravi, et proderit tibi.*

N° 3. Cette inscription singulière est gravée dans une cannelure perpendiculairement. Voir pag. 10, note.

N° 4. *Flix et Erigoniis patrono benemerenti fecerunt.* Calqué à Rome par moi dans un *columbarium* sur la voie latine. L'inscription est à côté d'un *ossuarium.*

Note. A l'exception d'une seule inscription calquée (Pl. XXXVIII, n° 35), toutes les autres contenues dans la Pl. XXVI, XXVII, XXVIII, n'ont été que seulement dessinées.

Pl. XXVI. N° 1. *Cusmus.* Cette inscription et les suivantes jusqu'au n° 5, sont écrites en alphabet osque, quoique le texte en soit grec ou romain. Je lis le N° 2. ***Ni Pinni,*** le N° 3, ***Abuc.dn,*** le N° 4, ***P. Cucunnis*** (M. Mommsen lit ***P. C . . . . urinis*** dans le ***Bull. arch. Nap.,*** an. IV, 118), le N° 5. ***A. Púlcrius.***

N° 6. Ce numéro et les suivants jusqu'au N° 21 contiennent des mots grecs ou latins écrits en caractères grecs. M. Massmann en donne cinq à la page 66 (de mon n°s 11 à 15). Le texte numéroté 21, est : Ἐπεραστής, σεπτούμου δεκούμου καλέδας μαίας.

N° 25. On lit : *A. d. VI. k. nuembris, prœbuit Surus Petillius ornamenta M. Fausto Siloni, honoris causa Suri liberti.* Voici comme je l'entends : *Petillius Surus* était le patron de *Surus.* Cet affranchi obtint le degré de *decurio ornamentarius* dans la colonie de Pompéi, honneur accordé aux affranchis (voir M. Zumpt, *Comm. Epigraph.,* p. 134) : son patron lui avait donné les insignes du décurionat par l'entremise de *M. Faustus Silo.*

N°s 26, 27, 28. Avellino. *Bull. arch. Nap.,* an. I, 73. Ma leçon diffère de la sienne. J'adopte : *Aleiixs dixit; Numiin, Oinibaliis, Synopus, Spiritus, Macir, Domitius, Aliixandiil, Miina dixit, Oporii Cius, Caurtuo, Spiirat, Primociniis. Per omnia; Rata, O(in)ibalis Se, Tii, Liibai, Diii, Amii, Nis, Steco, Solvii.*

N° 36. *Tenimus, tenimus, res certa, Romula heic cum scælerato moratur.*

N° 42. Avellino, *Bull. arch. Nap.*, an. III, p. 3 : mais il a lu : *Omaiuns est Bromius.* Sur le sens de *communis* voir la page...

N° 44. Je l'ai publié dans les : *Iscrizioni antiche di Salerno,* Napoli, 1851, pag. 18. Quant au mot *Atellana,* je regarde *Methe* comme une actrice. On peut voir ce qu'a écrit M. Jahn *in Persium, prolegom.* XC, n. 1, et les gloses : *Atellani,* σκηνικοί, ἀρχαιολόγοι, βιολόγοι.

N^os 45, 48. Voir la page 14, note.

N^os 51, 54, 55, 58, 59, 62, 63. J'ai réuni en cet endroit plusieurs exemples de *Vale.* On le trouve aussi sur les tuiles : V·Q·L·L·S·S; c'est-à-dire : *Valeas qui legis. Legisti, salvus sis;* et sur les lampes : MENESTER VA (*Bull. arch. Nap.,* an. II, p. 140). M. Minervini en donne une interprétation différente de la mienne.

Pl. XXVII. N° 5. Wordws., p. 13. Voir la pag. 9, note.

N° 6. Avellino, *Bull. arch. Nap.,* an. V, p. 9 : mais il a lu *Flo* pour *Floru.*

N° 8. Avellino, *Bull. arch. Nap.,* an. IV, p. 7. La *leçon* est. *Quidam cum peteret astra, cadens.* Avellino a lu : *Quidam sum deceret... ens.*

N° 9. Massmann, *Lib. Aurar.,* p. 62.

N° 10. Avellino, *Bull. arch. Napol.,* an. II, p. 85.

N° 19. Je lis : *Ad stabianum.*

N° 21. *Lucretius adamatus.* Cf. *Vespasiano adamato,* Suet. *in Vespasian.,* c. 22.

N° 48. Avellino, *Bull. arch. Napol.,* an IV, p. 7.

N^os 54, 55. Voir la page 7, note.

N^os 63, 64. Avellino, *Bull. arch. Napol.,* an. IV, p. 11.

N° 66. *Asellia tabiiscas.* On rapporte dans le journal des fouilles de Pompéi, an. 1814, l'inscription suivante peinte sur le mur de l'Amphithéâtre : *Vei Barca tabescas,* dont il n'existe plus que *Vei Barca tabes...*

N° 91. M. Mommsen a constaté un exemple de la *gens Babbia* parmi les Osques (*Bull. arch. Napol.,* an. V, p. 43).

N° 93. *Anomalus iit Viiriicunnus diisidiis.* C'est le *Verecunnus* qui reparaîtra pl. XXVIII, n° 52.

Pl. XXXVIII. N° 1. Wordsw., p. 13 : mais il a lu *Listacidæ quem*. Je lis : *L. Istacidi! at quem non ceno barbarus ille mihi est;* où l'on reconnaîtra, sans doute, un pentamètre.

N^os^ 4, 5. Je dirai mon opinion sur ces étranges combinaisons de chiffres grecs avec les romains. Ce me semble un usage introduit même à Rome dès l'époque d'Auguste, de mêler les éléments numéraux grecs à des signes latins. Ainsi on écrivait 1Ϛ pour XVI; mais une application aussi étendue n'avait pas encore paru jusqu'à la publication que je fais de celle-ci, où ZV équivaut à LXXV, ce me semble; et Ϛ1 à LXI.

N° 7. On lit : *XXXII. Oriciae.* Le cercle qui entoure le nombre 32 est là pour empêcher qu'on n'y ajoute d'autres chiffres à côté. J'ai déjà donné mon opinion sur le mot *oriciae* dans le *Bull. arch. Napol.*, n. serie, II.

N° 8. Voir la page 9, note.

N° 15. Le nom *Nuiila* se retrouve à la pl. XI, n° 4.

N° 20. *Bull. arch. Napol.*, an. II, p. 1.

N° 21. Massmann, *Lib. Aurar.*, p. 66.

N^os^ 22, 22, 23, 30, 32, 33, 34. Dessinées par moi dans le *columbarium* dont j'ai parlé pl. XXV, n. 4.

N° 35. Calquées : *ustus Limniio suo tota sal.*

N° 39. *Pudens libarius hic.* Le mot *libarius* était biffé dès avant la découverte de Pompéi.

N° 44. *Filicula Alixxandro salute. Si vales, nos. Cave. Et tu. Curo. Serus te,... adeo* (peut-être *abeo*).

N° 45. Wordsw., 18 : mais il omet les deux derniers mots.

N° 47. *Ianuarias nobis felices multis annis.* Cf. Tertull. *de Idololatria*, c. 14 : *Nobis, quibus sabbata extranea sunt et neomeniae et feriae a Deo aliquando dilectae, Saturnalia et Januariae et Brumae et Matronales frequentantur : munera commeant, strenae consonant, lusus, convivia constrepunt.* Ensuite il dit, sans ellipse : *Nimirum Saturnalia et kalendas Januarias celebrans hominibus placebat.*

Et quant à *multis annis* voici dans l'épître de *Maximus,* etc., à saint Cyprien une expression analogue (*ep.* 50): *Oramus te multis annis bene valere.* Les *kalendae* ne sont pas la même fête, que celle des *vota* pour la conservation des empereurs. On célébrait cette dernière le troisième jour de janvier; mais la première appelée *vota communia* pour le bonheur du peuple avait lieu le premier jour de l'année. Voir *Antichità d'Ercolano, Lucerne,* pag. 43.

N° 48. V. la page 28.

N° 51. *Tullio Severo. Rogo te aet praecor? referas in urgulana. Veteranus Pinellus? te rogat, vale.*

N° 52. Voici l'opinion d'Avellino sur l'orthographe du mot *Verecunnus, Bull. arch. Nap.,* an. V, 155. « Il Massman, *Lib. aur.* 44, vede una semplice depravazione di dialetto: ma a noi sembra una fierissima satira. » Quant à la suppression du verbe, il y a une comparaison à faire avec les inscriptions des tombeaux (v. Orelli, *Syll.* 709). On lit, dans l'amphithéâtre, NARCISSVS HIC. et ailleurs dans le même édifice L AELIVS NARCISSVS OCCVPAT; ce qui donne, peut-être, le véritable sens du mot *hic.* Une autre épigraphe nous présente toute la phrase, PERMISSV ÆDILIVM· CN· ANINIVS· FORTVNATVS OCCVP (*Journ. des fouill. de Pompéi,* 1813). Ainsi on comprendra aisément qu'il s'agit d'une place soit dans l'amphithéâtre, soit dans le *forum* où étaient gravées au trait les deux inscriptions des *libarii, Verecunnus* et *Pudens.* Cicéron adopte le même mot dans son livre *de finibus,* c. 20 : *Theatrum cum commune sit, recte tamen dici potest eius esse eum locum, quem quisque occuparit.*

N° 53. *Ariaii fiilicitiir.*

N° 58. *Bull. arch. Nap.,* an. II, p. 6.

Pl. A. A l'exception des inscriptions N° 8. *Camera,* N° 9. *Succiissus,* N° 11. *Aprilis* (*Bull. arch. Nap.,* n. serie, an. I, p. 71), N° 13. *L. Thyllanius Januarius* (ibid), j'en ai relégué ici bon nombre d'autres que je n'expliquerai pas. Mon motif de m'abstenir sautera aux yeux de tous les hommes graves, et les autres n'y ont que faire. La seconde inscription est déjà connue par le *Bull. arch. Nap.,* an. IV, p. 7 : mais le sens du quatrième

8

mot ne sera plus douteux désormais. A la page 8 de la même année l'on rapporte les deux derniers mots de l'épigraphe qui occupe le n° 10 sur ma planche.

Enfin j'ai cru que ce serait une chose curieuse de voir le mot *Pompiii* tracé à la pointe, exemple jusqu'ici unique; et je l'ai fait graver à part.

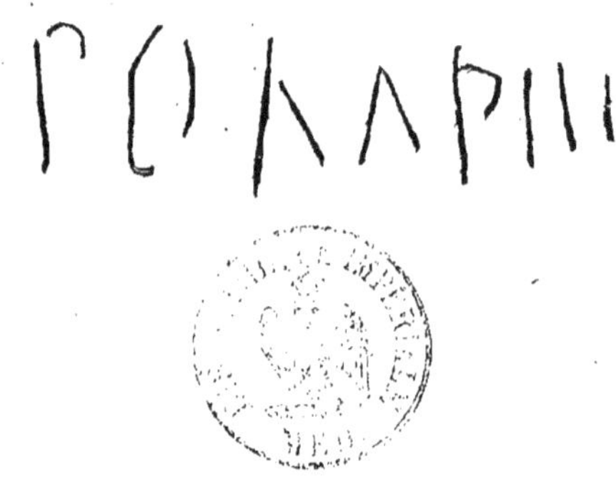

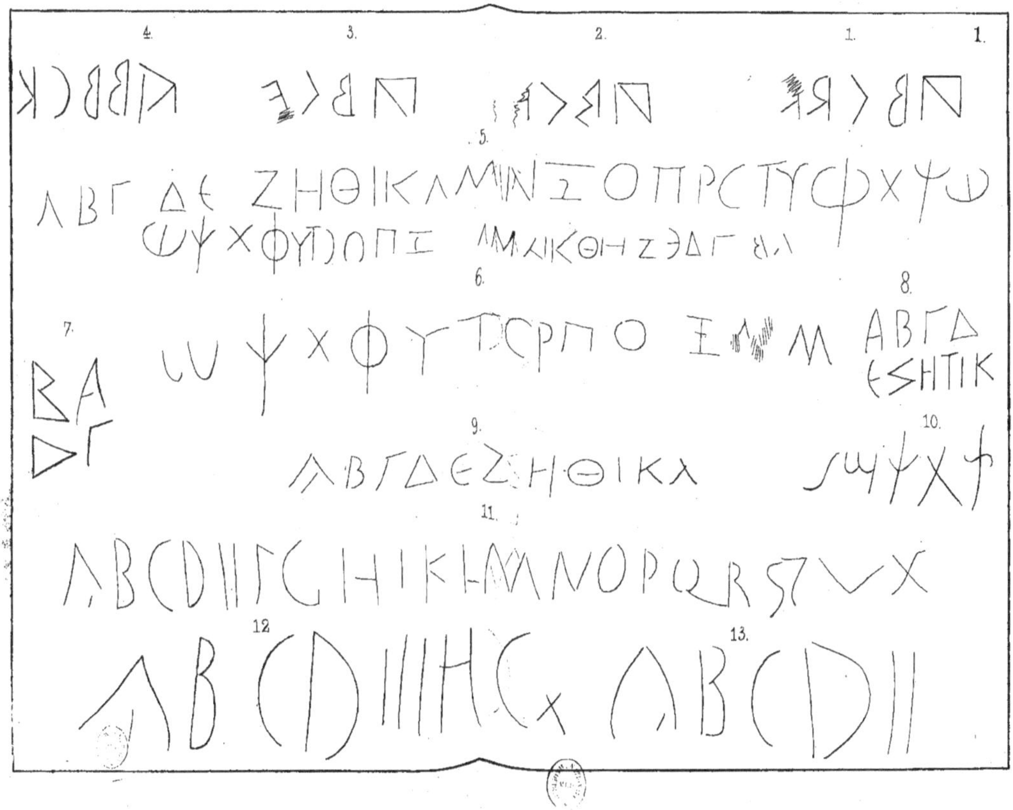

1.

4. 3. 2. 1.

5.

6.

7. 8.

9. 10.

11.

12 13.

1

2

3

4

ΑΛΞΑΝΔΡΟΣ

ΑΒΡΑΔΑΡΑ

5

6

ΜΑΝΚΡΩ

7

ΔΟΣ

8

ΕΡΩΣ

9

ΜΗΝΟΔΟΤ

10

ΨΩΛ

11

12

ΛΥΚΡΙ

13

CALOSPAGIT

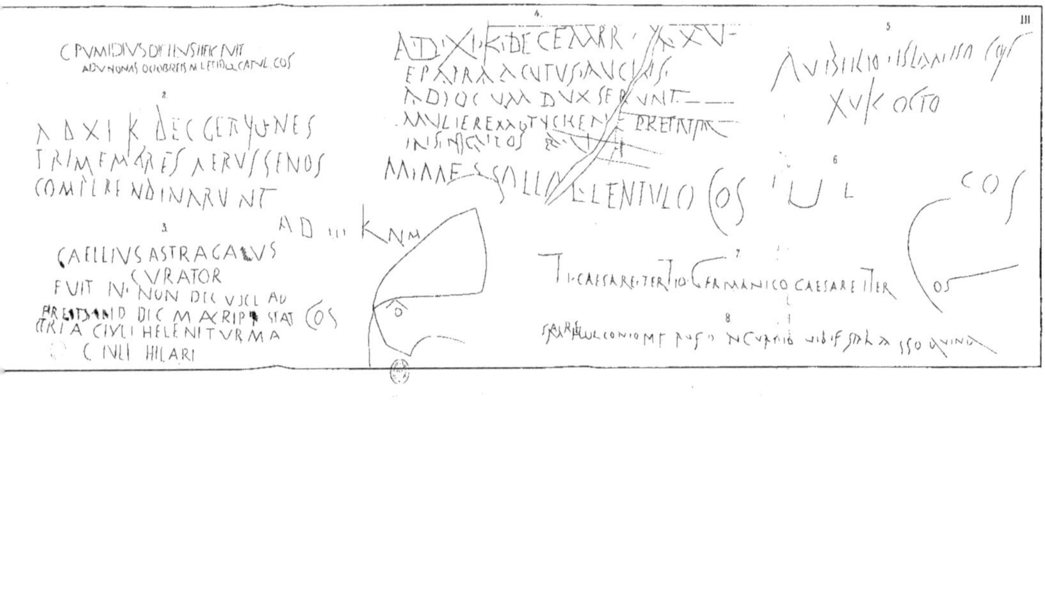

III

C PVMIDIVS DIPILVS HEIC FVIT
AD V NONAS OCTOBREIS M LEPID Q CATVL COS

2.

A D XI K DEC GERYONES
TRIMEMBRES AERVSSENOS
COMPLEREN DINARVNT

3.

CAELLIVS ASTRAGALVS
CVRATOR
FVIT N NON DEC VICL AV
PRESTSANID DIC M ACRIPP STAT COS
TERIA CIVLI HELENI TVRMA
C IVLI HILARI

AD III K N M

4.

A D XI K DEC EMRR XXV
EPAIRA ACVTVS AVCIAS
A D IOC VM DVX SERVNT
MVLIER EX AVTYCHE ... PRETNIM
IN SIN ... COS
M IVNE ... SILLIO L LENTVLO COS

5.

A VIBILIO ISLANIICO COS
XV K OCTO

6

I V L

COS

7

TI CAESARE TERTIO GERMANICO CAESARE ITER COS

8

SARHEVL CONIO M F ... CVPRIO VIDIF ... SSO AVINA

IV

1.

2.

3.

L NONIO ASPRENATE
A PLOTIO COS
ASSELLVS NATVS
PRIDIE NONAS CAPRATINAS

4.

VESPA

OPTIMVS

VT NOS

5.

6.

V

1

SVRDA SIT ORANTI TVA IANVA LAXA FERENTI
AVDIAT EXCLVSI VERBA RECEPTVS AMANS
IANITOR AD DANTIS VIGILES CESSATOR AD NON DANTIS
SVRDVS IN OBDVCTAM SOMNIET VSQVE SERAM

2

QVID POTE TAM DVRVM SAXSO AVT QVID MOLLIVS VNDA
DVRA TAMEN MOLLI SAXSA CAVANTVR AQVA

3

SCRIBENTI MI DICTAT AMOR MOSTRAT QVE CVPIDO
PEREAM SINE TE SI DEVS ESSE VELIM

4

QVISQVIS AMAT VENIAT VENERI VOLO FRANGERE COSTAS
FVSTIBVS ET LVMBOS DEBILITARE DEAE
SI POTEST ILLA MIHI TENERVM PERTVNDERE PECTVS
QVID EGO NON POSSIM CAPVT ILLE FRANGERE FVSTE

5

QVISQVIS AMAT CALIDIS NON DEBET FONTIBVS VTI
NAM NEMO FLAMMAS VSTVS AMARE POTEST

6

LITTERA THEONAS SEMPER DICTVRA SALVTEM
NOMINE NVNC DEXTRA TERTIVS IN OMNE MANET

1

[illegible] PRENDIT SVAS [illegible] QVIS SIBI FORTE NOTAVIT ES DAMNIS IVVENALIS QVOS FACTI INGENIOS SPECTATOR SCAENAE SIVE ES STVDIOSVS EQVORVM SIC HABEAS LANCES SEMPER VBIQVE PARES

2

3

QVISQVIS ES [illegible] HIN

DIVISCERE RA

4

SCRIBIT NARCIS

6

POTHVS

VII.

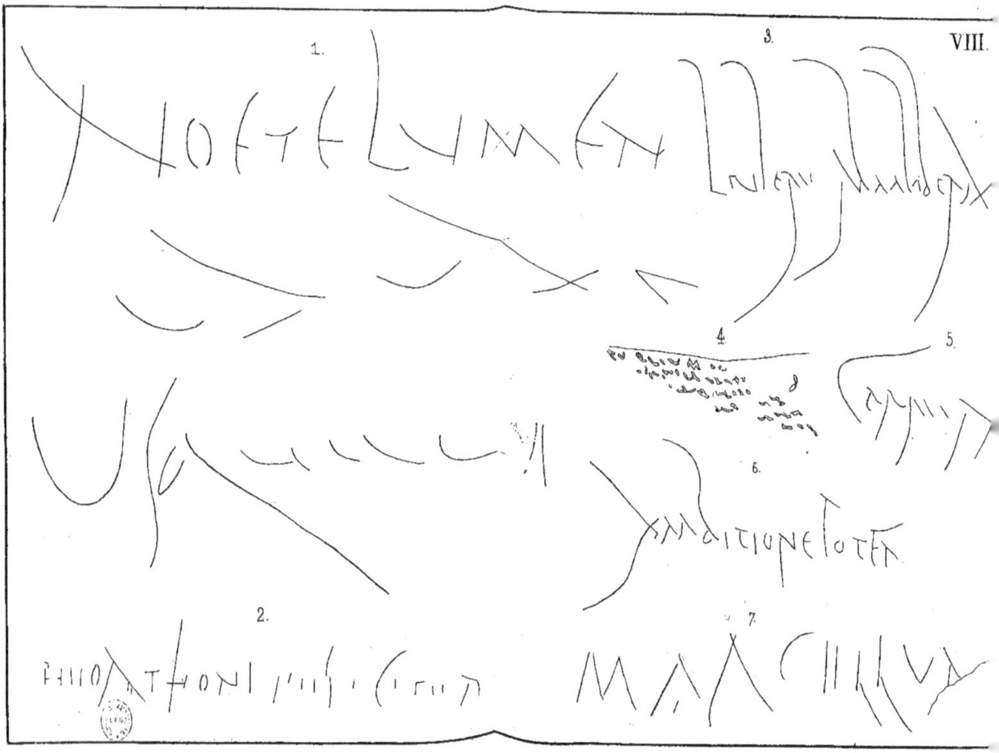

1.

3.

4.

5.

6.

2.

7.

IX.

1.

VIRIOTA C
VALERI XX
AMON LXXV
SERVIL C
MARVS L
SEQVAN LXXV
SEDVLA XXV
VIRIOD LXXV
TOTAG L
ANARTO LXX

SEXTIVS C
VIRIDE A CL
VALER XXV
VALE LXXV

RR

2.

SIMIINSTAXAS
DHIIACVIISTIISAO

3

SIIX
VALE
SIICM
AMON
SITIO
SCLNVA
SIIDHATVI
ISPANVS
IVTTO

CXXV C
XXV XXV
LXXV LXXV
L
XXV
IX

4.

SEA L
AMONI LXX
VALE XXV
VETIO CL
IVLIVM LXXV
L MOTTVIIA C
SIIX L

IVCVNDA HIRAILKO NI
OIA AXI LII

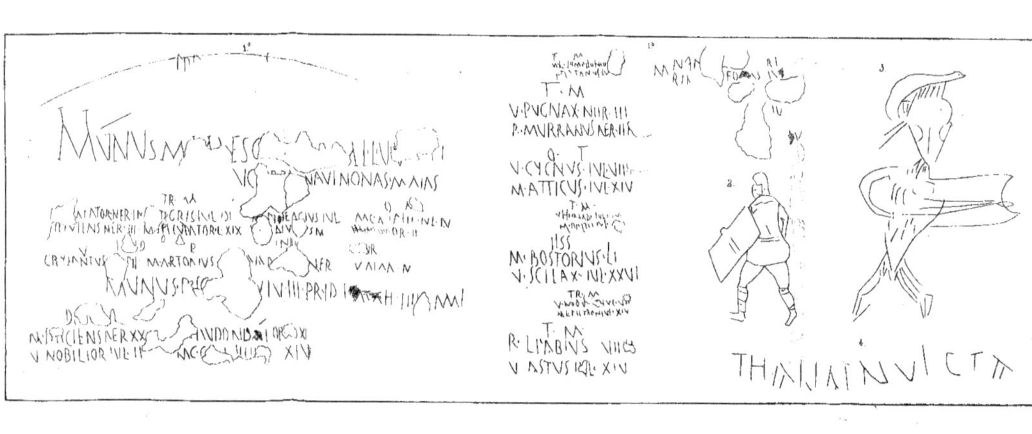

T·M
V·PVGNAX·NER·III
P·MVRRANVS·NER·III
V·CYCNVS·IVL·VIIII
M·ATTICVS·IVL·XIV
M·BOSTORIVS·LI
V·SCILAX·IVL·XXVI

XL.

ANTIGONVS
SVPERBVS LIB I
CASVNTIVS

1
2
XIII.

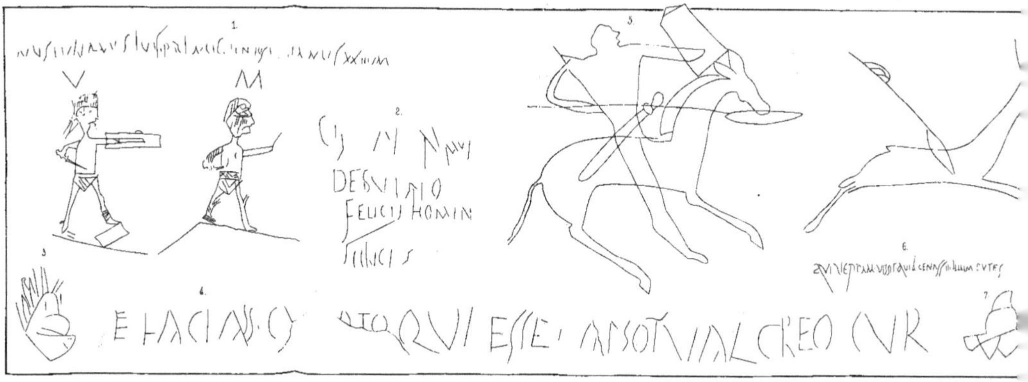

1

2

3

FELICIS HOMIN

4

5

6

7

XV

X

1. NASSO ... ADIUS

2. PERIGRINUS

3. MASNIAT

4. MICCIONIS STATUM CONSIDERATE

5. VENIES IN ... PROMAS

6. ... TUNILLA ... DONA ...

7.

8. PSYCE

9. LABYRINTHUS HIC HABITAT ... ROTAURUS

10. NOCTE ... EST NON ... PROFICISCITUR

1.

GENICE

DOTICE

PITRLICE

CRETICE

2.

3.

4.

5.

ZETEMA

MVLIER FEREBAT FILIVM SIMILEM SVI
NEC MEVS EST NEC MI SIMILAT SED
VELLEM ESSET MEVS
ET [illegible] VT MEVS ESSET

6.

LVPERCVS

7.

ORATVS

8.

9.

10.

11.

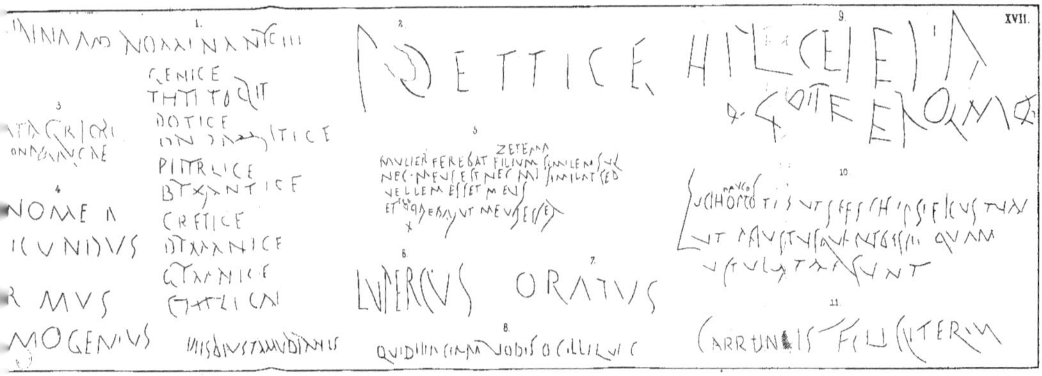

1.

ARVSTIO

ACVST

2.

NNRIIDOQVIN

3.

4.

COTINI

5.

MANTANVS P VII

PORCIIIVS P VII

P. VII

NONT

6.

SALVTII

7.

POSTIIRV NON

OCTOBRIIS

8.

TVENIM ME DOCES

9.

10.

O·EPHA PROQVITE·INITV

11.

BASSILICA

12.

13.

VIDIV

1.

ENUSENIM

EXSANGUNI

UMAETIT

ESTUMULTU

BENE

ET

2.

PROTULI

EXSANGUNI

PARERE

3.

4.

5.

6.

7.

PHIL OD AMUS FUIT

MARIANUS

SER

8.

9.

10.

11.

VICTOR

12.

2. IANVARIVS IN LVDV

7. VIISTALIS

9. FORTVNATVS

10. VIRGVLA TERTIO SVO INDECEN

11. VITALIS TRAMA
RVFA TRAMA PIISV
TYCHE PIISV TRAMA
DORIS PIISV STAMIIN

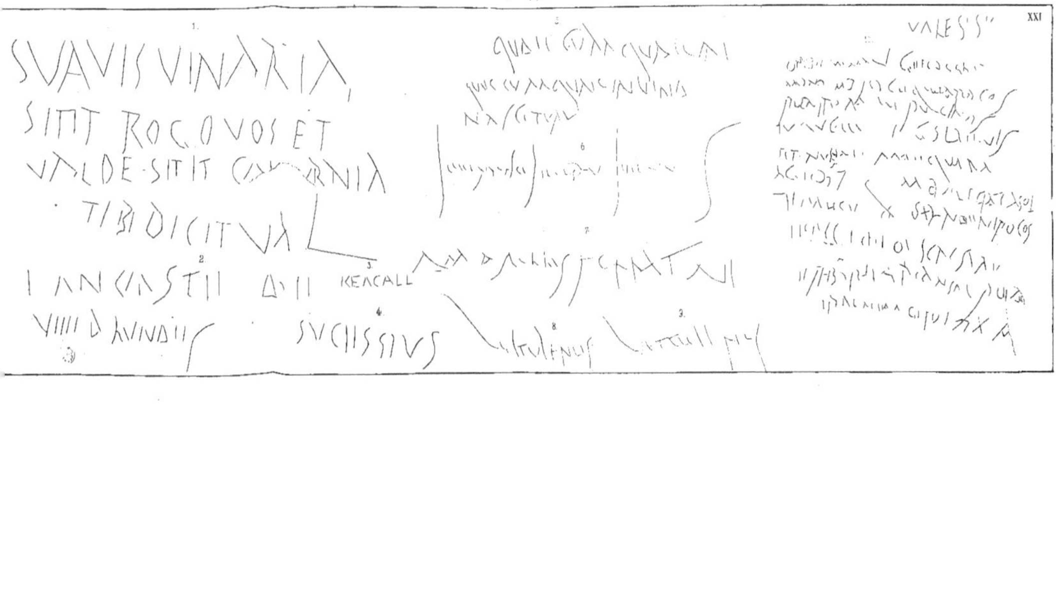

1\.

SVAVIS VINARIA

SITIT ROGO VOS ET

VALDE SITIT CALPVRNIA

TIBI DICITVR

2\.

3\.

KEACALL

4\.

5\.

6\.

7\.

8\.

9\.

VALES

XXII.

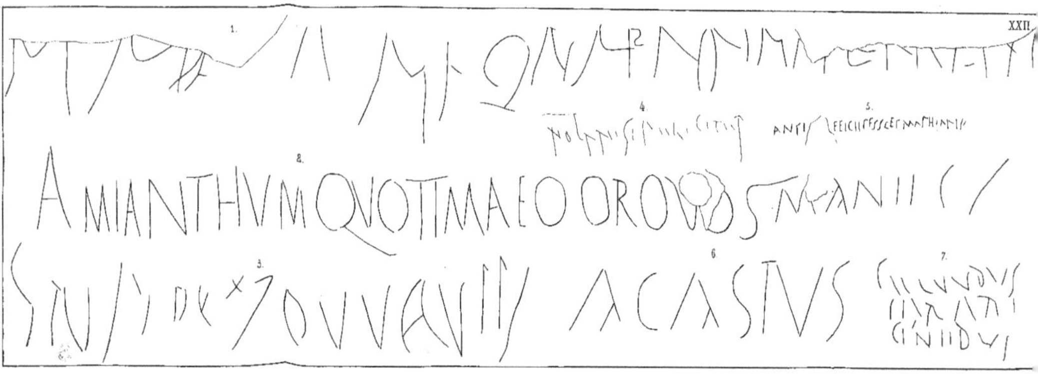

1.

4.

5.

2.

AMIANTHVM

3.

6.

ACASTVS

7.

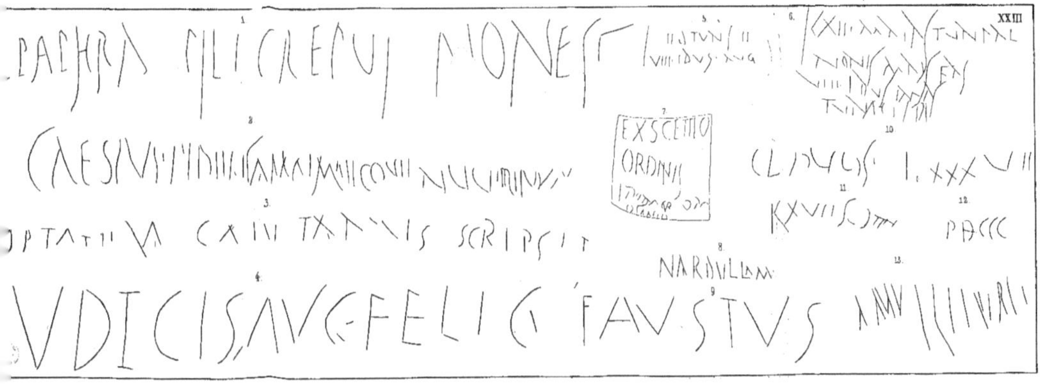

XXIII

1.

2.

3.

4.

5.

6.

7.

8.

9.

10.

11.

12.

13.

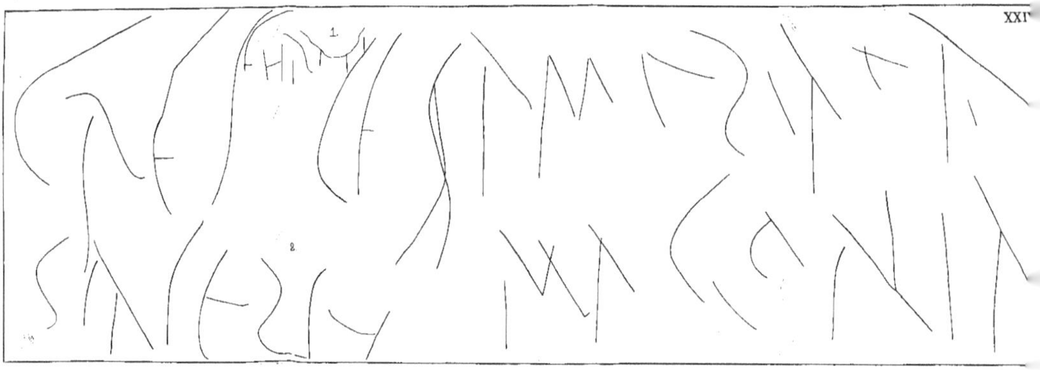

XXI

1

2

1.

VAE TIBI

2.

3.

4.

LABORA ASELLE QVOMODO EGO LABORAVI ET PRODERIT TIBI

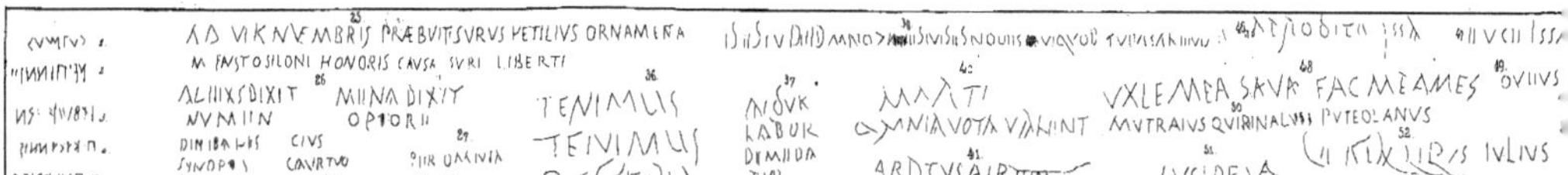

25 AD VIK NVEMBRIS PRÆBVIT SVRVS PETILIVS ORNAMENTA
M FESTO SILONI HONORIS CAVSA SVRI LIBERTI

26 ALIIIXS DIXIT MIINA DIXIT NVMIIN OPTORII

27 ECO SOLVIT

28 IVCVNDVS

29 EPAPHRAM QVO CRIXSVM

28. CAROS AGNEADVENI

30. AN... ADCE

31. SI QVI ABVAERIT HIC AGET IVDICIVM

DONAVI TERMINV

32 APISKVS

33 MVCVRIA

34. PHEBVS

35 METHE COMINIAES ATTELLANA AMAT CHRESTVM CORDE SIT VTREISQVE VENVS POMPEIANA PROPITIA ET SEMPER CONCORDES V...

PACATVS HCCVM PECVNIA

36. TENIMVS TENIMVS

37 LABUR TVR

38. BROMIVS

40 OMNIA VOTA VALENT

41. ARDTVS AIR... SVMSIT SIBI CASIAM VTHVAM

43. ATITINI PRINCIPIS ATHINI PRINCIP

44. MAL VIX TE TESTIMCO

45. NON EST EX ALBO X PATRE ARISTIO

48 VXLE MEA SAVA FAC ME AMES

50 MVTRAIVS QVIRINALVS PVTEOLANVS

51. LVCIDE VA.

52. IVLIVS

54 CHRTA VAL

59. HERACLA VAL

60. HERCV

62. HAGIVS

64. CALLITIC

65 DEDICAPI VETIC PAGANIS

66. CRATA FARIS

69 FVIT

70 SALVTEMVS RVFHO SAL SCRIBIT SAMA

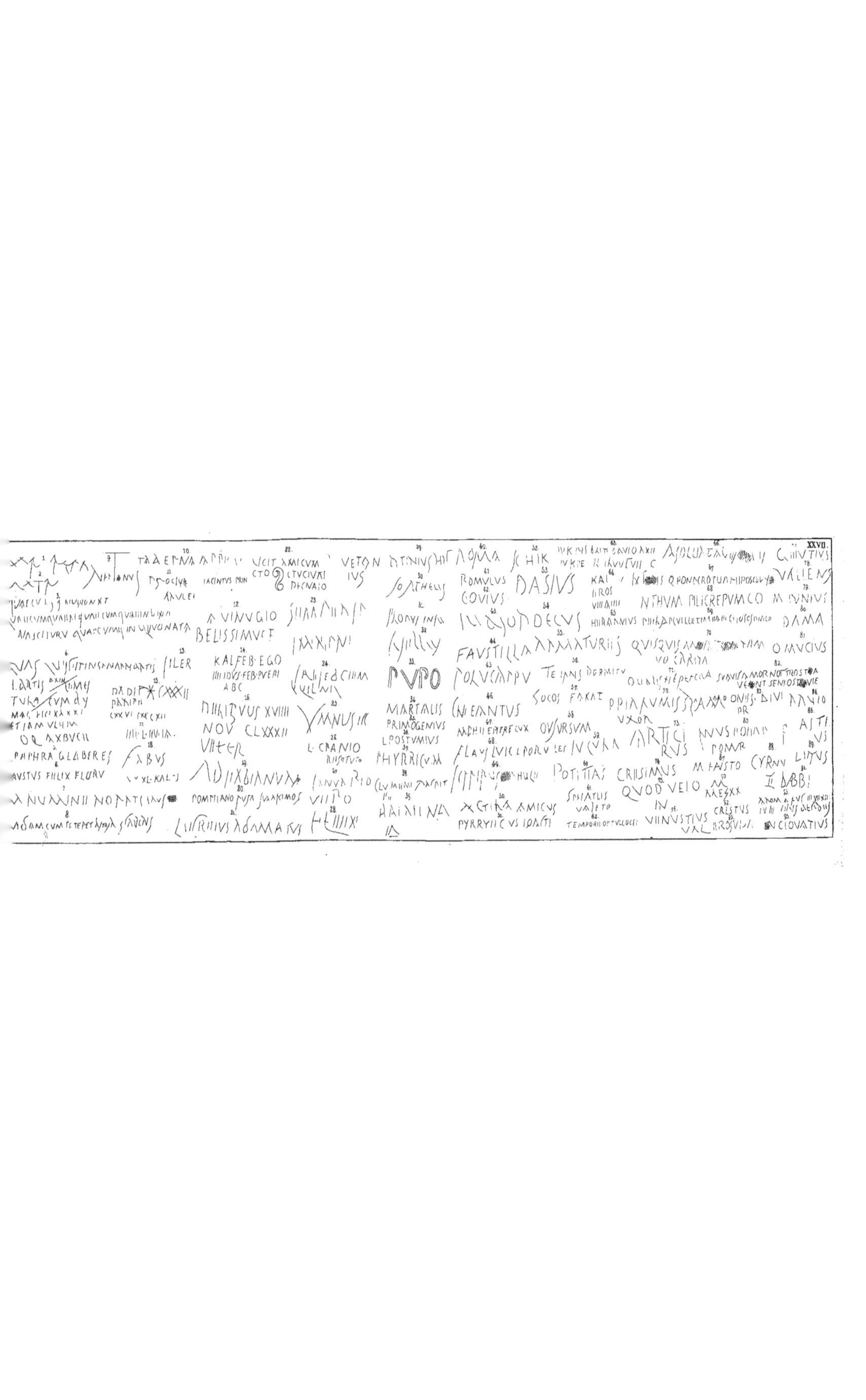

1\. MISTA CIDIATOVEM NON CENO BARBARUS ILLE MIHI EST

35\. IVSTVS LIBANIO SVO TOTA

2\. CRESCENS STATIONARIVS

3\. M. MAIIVS

ARI

9\. ERANVS

10\. ALENSIIS

11\. N COM

12\. QVARTR

23\. CAMIDOS SAB

24\. M VALERA

25\. MVNVS

26\. RVSTIVMA

27\. MODIAE FELICITER

30\. IVSTA VINERA

31\. IVNI THYMI

32\. BARNAIIYS

33\. PO THVSA

34\. FORTVNATI

36\. NVS MERVLI DVIR

37\. FL ARRVNTI MVSERII

38\. M AMPLIATVS

39\. PVDENS

40\. MESSIVS

41\. AVIIVS MI FELIX

42\. CIIDONVINIIR

43\. HOMINEM REDDIT ... QVI EMIT ... NON HABET

44\. FILICVLA ALIXXANDRA SALVTE

45\. SAL IANVARIAS NOBIS FELICES MVLTIS ANNIS

46\. PITVITA ME TENET

48\. FAVSTVM FELIX

49\. ALCIMVS PYRR

50\. PYRRHIOIS ALCIMO SAL

52\. VERECVNNVS LIBARIVS HIC

53\. CITIIS

54\. NEMO EST BELLVS NISI QVI AMAVIT MVLIEREM

55\. FELIX EST IANVARIVS

56\. FVFICIVS QVI HIC HABITA

57\. O FELICE

58\. FELIX HIC LOC

8\. AMERIMNVS CARENSSVM

14\. MSVETVM

15\. NVLLA

16\. MALIANIS

17\. CORITVS

18\. FIRM

19\. FIRMVS

20\. OLLIIINSIV

21\. RVSTICVS

22\. AVS ... PRIMIGENIS

28\. MI ICE LA

29\. ATIA

INSVLXR

ATAMAS FL

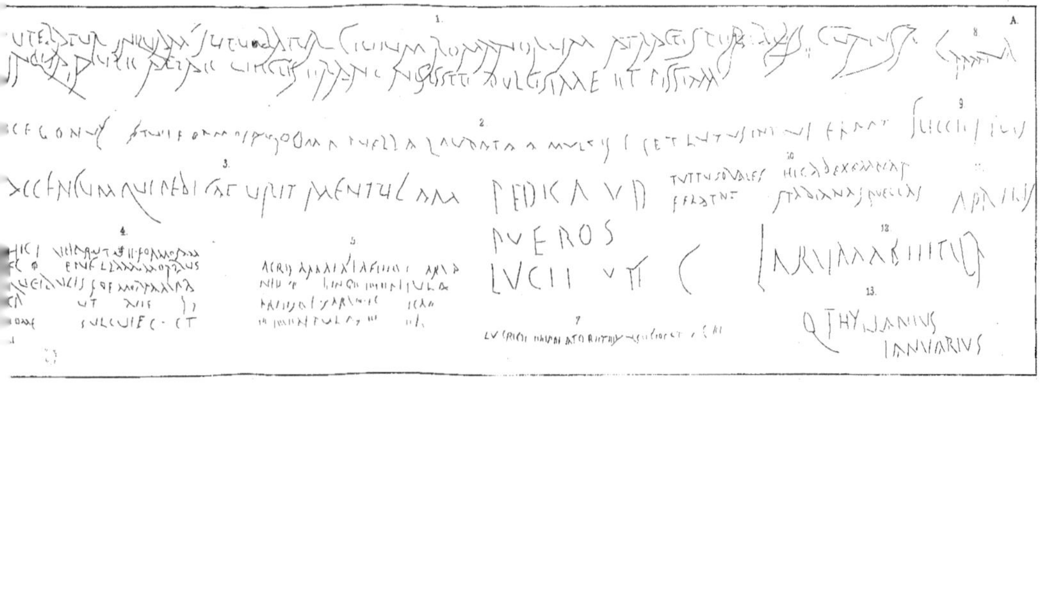

A.

1.

2.

3.

PEDICAVD
PVEROS
LVCII

4.

5.

7.

8.

9.

10.

11.

12.

13.

Q THYANIVS
IANVARIVS

www.ingramcontent.com/pod-product-compliance
Lightning Source LLC
LaVergne TN
LVHW020421230826
846091LV00004B/1354
* 9 7 8 2 0 1 3 5 5 4 2 6 8 *